Lieblingsplätze in FRANKEN

Lieblingsplätze in FRANKEN

GMEINER

FRIEDERIKE SCHMÖE

Autorin und Verlag haben alle Informationen geprüft. Gleichwohl wissen wir, dass sich Gegebenheiten im Verlauf der Zeit ändern, daher erfolgen alle Angaben ohne Gewähr. Sollten Sie Feedback haben, bitte schreiben Sie uns! Über Ihre Rückmeldung zum Buch freuen sich Autorin und Verlag: lieblingsplaetze@gmeiner-verlag.de

Aus Gründen der Lesbarkeit und Sprachästhetik wird in diesem Buch das generische Maskulinum verwendet. Mit der grammatischen Form sind ausdrücklich weibliche sowie alle anderen Geschlechtsidentitäten mit berücksichtigt, insofern dies durch die Aussage geboten ist.

Sofern nicht im Folgenden gelistet, stammen alle Bilder von Friederike Schmöe: Propstei Wechterswinkel 16; FrankenTherme Bad Königshofen 22; Bayerisches Staatsbad Bad Steben GmbH 48; Michaela Baier 50; rogg-in.de 54; Adrian Keidel (https://adrianinfernus.de) 60; Helmut Meyer zu Capellen 70; Stadtmuseum Erlangen 78; Airport Nürnberg 92; Fränkisches Freilandmuseum Bad Windsheim 122; Museum Georg Schäfer Schweinfurt/Foto: Peter Leutsch 158; Verein Fränkische Passionsspiele Sömmersdorf e.V./Foto: Anand Anders 160; Bayerische Schlösserverwaltung/Foto: Konrad Rainer, Salzburg 174

QR-Code einscannen und kostenloses E-Book anfordern.

Besuchen Sie uns im Internet:
www.gmeiner-verlag.de

1. Auflage 2023

Im Ehnried 5, 88605 Meßkirch
Telefon 07575/2095-0
info@gmeiner-verlag.de

Lektorat/Redaktion: Ricarda Dück
Herstellung: Julia Franze
Bildbearbeitung/Umschlaggestaltung: Susanne Lutz
unter Verwendung der Illustrationen von © SG-design – stock.adobe.com, © Sylwia Nowik, © Wiktoria Matynia, © EH Grafik, © SimpleLine, © actionplanet – stock.adobe.com; © Susanne Lutz; © OpenClipart-Vectors pixabay.com
Kartendesign: © Maps4News.com/HERE
Druck: AZ Druck und Datentechnik GmbH, Kempten
Printed in Germany
ISBN 978-3-8392-0374-3

ZWISCHEN GROSSSTADT UND ROMANTIK

ZWISCHEN GRÜNEN UFERN

Zwischen Kunst und Kulinarik

Kaiserkrone und Bocksbeutel

Kunstraub gilt als eines der spektakulärsten Verbrechen – selbst wenn er weit in die Vergangenheit zurückreicht. 2007 entbrannte ein alter Streit zwischen den (Alt-)Bayern und den Franken. Zum 1.000-jährigen Bistumsjubiläum Bambergs – so hatte man es sich in Franken gewünscht – sollte der im Zuge der Säkularisierung 1802/03 nach München gebrachte (eingefleischte Franken sagen: »geraubte«) Bamberger Domschatz, wenn schon nicht zurückgegeben, wenigstens zu Ausstellungszwecken zeitweise an seinen ursprünglichen Standort zurückkehren. Zu den Kunstschätzen gehört etwa die Kaiserkrone Heinrichs II., Gründer des Bistums. Doch komplizierte Eigentums- und Versicherungsverhältnisse vereitelten den kühnen Plan. Für manche Franken ein neuerlicher Beweis dafür, dass sie von den Bayern mit Repressionen überzogen werden. Denn: Franken ist nicht Bayern – auch wenn beide Volksstämme in einem bayerischen Bundesland beheimatet sind. Und während Reisende mit dem Begriff »Bayern« schnell etwas anfangen können (»Alpen, Oktoberfest, Lederhose!«), fällt vielen zu »Franken« wenig ein. Aber keine Sorge, ich helfe gerne und präsentiere Ihnen meine *Lieblingsplätze in Franken* – Kraftorte und Inspiration in einem, auch für fränkische Leserinnen und Leser!

Da meine Heimat sowohl mit einzigartiger Natur als auch städtischen Vorzügen punktet, unterteile ich sie in Bergfranken und Flussfranken einerseits und das urbane Franken andererseits. Mit Spessart, Rhön, Frankenwald, Fichtelgebirge, Fränkischer Schweiz, Hersbrucker Schweiz und Fränkischer Alb durchziehen etliche Mittelgebirge die Region, die für Sportskanonen, Mountainbiker und Wanderer echte Attraktionen bieten. So ist der Fränkische Gebirgsweg eine herausfordernde Fernwanderroute, die von Blankenstein im Frankenwald über 440 Kilometer nach Hersbruck führt. Der bedeutendste Strom Frankens ist natürlich der Main, dessen Hauptzufluss die Regnitz bildet. Wassersportler haben also ein großes Wirkungsgebiet. Wer an einem warmen

Wochenende etwa in Bamberg am Fluss spazieren geht, sieht viele Paddler, SUP-Freaks und Kanuten ihrer Lieblingsbeschäftigung nachgehen. Hinzu kommen diverse Seen, beispielsweise der Untreusee bei Hof oder das große und bekanntere Fränkische Seenland. In Franken sind die meisten Ziele in der Natur noch nicht überlaufen; immer findet sich ein Wanderweg, ein Kletterfelsen oder ein Flussabschnitt, an dem man allein unterwegs sein kann – mit vielerorts uriger Gastronomie, die auf regionale Produkte setzt.

Überhaupt, die fränkische Küche: Hier kann deftig geschmaust werden, mit »Schäuferla« (Schweineschulter) und Kloß, diversen Fleischgerichten mit Dunkelbiersoßen oder Bratwürsten unterschiedlicher Länge und Würze. Dazu gern ein kühles Bier, hell, dunkel, malzig, hopfig – die Vielfalt ist legendär. Freunden des Rebensaftes bieten die fränkischen Lande ebenfalls Genuss pur. Im berühmten Bocksbeutel, der bauchigen Flasche, findet sich manch edler Tropfen, und zahlreiche Weinfeste ziehen Gäste von nah und fern an.

Natürlich kommt die Kultur nicht zu kurz. Gerade die Metropolregion Nürnberg bietet Museen und Bühnen zuhauf, aber auch in den kleineren Städten blüht das Kulturleben; Highlights bilden etwa das Landestheater Coburg oder die Bamberger Symphoniker. Auch auf dem Land liebt man die Künste. Mein Geheimtipp: Die Sömmersdorfer Freilichtbühne mit ihrem einzigartigen Flair. Das abwechslungsreiche Programm mit seinen (neben der Passion) auch lustigen Stücken macht Kindern genauso viel Spaß wie Erwachsenen. Einige Orte in Franken gehören zum UNESCO-Weltkulturerbe. Neben der Altstadt von Bamberg, der Residenz Würzburg und einem Teil des Limes zählt seit 2012 auch das Markgräfliche Opernhaus Bayreuth dazu. Wer solche Schätze hat, braucht keine Kaiserkrone mehr. Oder?

Wussten Sie schon? Der Silvaner gilt als *der* Frankenwein schlechthin. Die Rebsorte wird seit dem 17. Jahrhundert angebaut – im Weinberg übrigens gut an den runden Blättern zu erkennen.

ZWISCHEN BERG UND TAL

Von der Rhön übers Fichtelgebirge in die Fränkische Schweiz

Beginnen wir unsere Reise durch Franken in der Rhön, einem vor circa 20 Millionen Jahren durch vulkanische Tätigkeit entstandenen Mittelgebirge. Eine Region, die durch die Weltgeschichte vielfach zerrissen, jedoch immer wieder zusammengewachsen ist. Das UNESCO-Biosphären-Reservat Rhön, dessen Aufgabe der Schutz von Flora und Fauna ist, liegt heute in drei verschiedenen Bundesländern: Bayern, Hessen und Thüringen. Herb ist sie, die Rhön, oft neblig, manchmal sogar im Sommer. Dafür können wir uns richtig den Wind um die Nase wehen lassen, häufig ganz alleine einen Berg erklimmen und bei einem herrlichen Rundblick die mitgebrachte Brotzeit genießen.

Weiter streifen wir durch das Coburger Land, das Obermaintal mit seinem Gottesgarten, einem besonders lieblichen Abschnitt des Maintales zwischen Ebensfeld und Lichtenfels. Die Besteigung des Staffelberges, eines der Fränkischen Alb vorgelagerten Einzelbergs mit markantem Sattelplateau, ist ein Muss; belohnt werden wir mit einer traumhaften 360-Grad-Aussicht. Sogar die Höhen des Frankenwalds, die nächste Etappe auf unserer fränkischen Tour, sind von hier zu sehen

Dieses mitunter recht dunkle und einsame Mittelgebirge ist eng mit einem traditionellen Handwerk verknüpft, das heute kaum noch bekannt ist: der Flößerei. Holzwirtschaft wurde ab dem Spätmittelalter in diesem Landstrich zum wichtigsten Broterwerb. Über etliche Bäche und Flüsse verfrachteten die Bewohner die Stämme bis hinunter zum Main. Mit dem Bau der Eisenbahn kam dieses Gewerbe zum Erliegen. Heutzutage wissen Gäste vor allem das Netz an Wanderwegen und Loipen zu schätzen. Die kleine Stadt Kronach punktet mit ihrem historischen Erbe; beliebt bei Mittelalterfreunden ist das Stadtfest *Crana Historica,* das alle zwei Jahre vor der überwältigenden Kulisse der Festung Rosenberg ein mehrtägiges fröhliches Spektakel veranstaltet.

Wir setzen unsere Reise Richtung Fichtelgebirge fort. Seine grünen Bergkuppen sehen zwar nicht sonderlich spektakulär aus, sensationell ist jedoch ihr Alter: Sie begannen vor etwa 750 Millionen Jahren, sich herauszubilden – das ist immerhin ein Fünftel der gesamten Erdgeschichte. Zum Vergleich: Die Alpen haben erst 135 Millionen Jahre auf den felsigen Buckeln. Hier in Oberfranken lassen sich die beiden höchsten fränkischen Berge besteigen, der Schneeberg (1.051 Meter) und der Ochsenkopf (1.024 Meter). Letzterer ist der touristischere von beiden. Ersterer war hingegen lang militärisches Sperrgebiet, was den Pflanzen und Tieren zugutekam – mittlerweile leben dort sogar wieder die streng geschützten Auerhühner.

Von der rauen Landschaft im Nordosten Frankens zieht es uns nun in den Obstgarten der Region: in die Fränkische Schweiz. Auch diese Gegend ist bergig und wirkt dabei hochromantisch, irgendwie kuschelig. Das Klima ist viel milder als in Frankenwald und Fichtelgebirge, sodass im Frühling an den Hängen die überbordende Kirsch- und Apfelblüte ein farbenfrohes Bild bietet. Dem Charme der üppig blühenden Bäume kann sich kaum jemand entziehen. Sobald die Früchte geerntet sind, landen diese nicht nur direkt in den Obstkörben oder auf Kuchen und Torten, sondern werden zudem für die Erzeugung von Spirituosen verwendet. Ein guter fränkischer Kirschgeist betört mit seinen Aromen, und ein Besuch in einer Schnapsbrennerei sollte auf keiner Tour durch die »Fränkische« fehlen, wie die Fränkische Schweiz liebevoll in Kurzform genannt wird.

Wagen wir noch einen Abstecher in die Hersbrucker Schweiz. Auch sie wirkt eher kleinräumig, doch entlang der Pegnitz geht es in Lauf und Hersbruck durchaus städtisch zu. Die Seitentäler dagegen liegen ruhig und ländlich, und wer wandern will, kann hier einsame Wegstrecken finden.

1

Rother Kuppe
Ausgangspunkt:
Schweinfurter Haus
97656 Oberelsbach
www.schweinfurterhaus.de

Berggasthof
Rother Kuppe
Rother Kuppe 1
97647 Hausen–Roth
09770 850235
www.berggasthof-rother-kuppe.de

NUR FLIEGEN IST SCHÖNER

Rother Kuppe

Frei wie Vögel fühlen wir uns, als wir den gut 22 Meter hohen Turm erklommen haben und die Tür zur Aussichtsplattform aufdrücken. Ein kräftiger Windstoß will uns zurückdrängen, doch so leicht geben wir nicht klein bei. Immerhin haben wir eine anstrengende Wanderung hinter uns, die uns vom Schweinfurter Haus am Gangolfsberg bis auf die Rother Kuppe geführt hat. Die ist zwar mit ihren 711 Metern über Normalhöhennull längst keiner der höchsten Rhöngipfel, aber einer, der mit herrlicher Rundumsicht punktet.

Und das Panorama genießen wir jetzt, in alle vier Himmelsrichtungen öffnet sich ein Traumblick auf die Rhön. Der Spätsommer hat die bewaldeten Flanken der Berge ein wenig eingefärbt. Dazwischen leuchten Weiden und Wiesen in freundlichem Grün. Zarte Schleierwolken pinseln etwas Weiß in den blauen Himmel. Zwei Panoramatische benennen die umliegenden Gipfel und Ortschaften.

Wir befinden uns im Biosphärenreservat Rhön, das insgesamt eine Fläche von über 243.000 Hektar umfasst. Es wurde ausgewiesen, um – unter Berücksichtigung von Landwirtschaft, Tourismus und Gewerbe – einen Raum zu schaffen, in dem die Natur sich bestmöglich geschützt entfalten kann. Auf unserer Wanderung haben wir bereits neiderfüllt die beiden Rotmilane bestaunt, die schwerelos über uns hinwegglitten. Nun sind wir ihnen auf dem Aussichtsturm ein wenig näher gekommen.

Noch lange genießen wir die Weite, ehe wir hinabsteigen und auf der Sonnenterrasse des Berggasthofes *Rother Kuppe* Platz nehmen. Wenn Sie Süßes mögen: Bestellen Sie ein Stück *Rhöner Luft,* eine fluffige Torte mit Sahnefüllung und Stachelbeeren oder Mandarinen. Eine Verführung, der man besser sofort nachgibt.

Nur sieben Kilometer entfernt, an der Hochrhönstraße, liegt das Schwarze Moor, eines der bedeutendsten Hochmoore Europas, das über einen Bohlensteg erwandert werden kann – auch für Kinder ein außergewöhnliches Naturerlebnis (www.biosphaerenreservat-rhoen.de).

2

Propstei Wechterswinkel
Klosterstraße 14
97654 Wechterswinkel
09773 8997034
www.propstei-
wechterswinkel.de

EINFACH MAL DURCHATMEN

Propstei Wechterswinkel

Das kleine Kirchdorf Wechterswinkel schmiegt sich ins frühlingshafte Grün des Elstales, als ich immer tiefer in die Rhöner Landschaft hineinfahre. Sofort springt mir die große, aus dem 12. Jahrhundert stammende Kirche der ehemaligen Zisterzienserinnenabtei ins Auge. Gegenüber befindet sich die Propstei Wechterswinkel, einst das Verwaltungsgebäude des Klosters, mit fast ebenso langer Geschichte. Dort haben Christiane Müller und Klaus Dippel eine Herberge für Menschen geschaffen, die sich nach einem Rückzugsort sehnen. Kreativ arbeiten, die Seele baumeln lassen oder auf Wandertour durch die Rhön ziehen – an diesem Platz ist jedes individuelle Ferienprogramm möglich, fern von Hektik und Lärm.

In dem mächtigen Steinbau der Propstei heißt Christiane Müller ihre Gäste willkommen. Schnell stellt sie noch einen Strauß duftender Fliederzweige in eine Vase, bevor sie mir das Haus zeigt. Die Charaktermerkmale dieses historischen Gebäudes, die breiten Gänge, der unregelmäßige massive Steinboden und die hohen Räume verleihen dem Haus seinen besonderen Charme. An kalten und nebligen Rhöntagen sorgen Kaminöfen für behagliche Atmosphäre. Die Propstei beherbergt vier Doppelzimmer und vier Ferienwohnungen, allesamt lichtdurchflutet und gemütlich eingerichtet mit teils antiken Möbeln und Webteppichen auf den Holzböden. Aus den Fenstern fällt der Blick ins Grüne, auf einen bewaldeten Hang und den plätschernden Elsbach.

An einem so herrlichen Maiabend hält es mich nicht lange im Haus. Lieber erkunde ich die Terrasse und den Schwimmteich. Auf dem Steg warten Liegestühle. Bienen summen. Irgendwo quakt ein Frosch, und als ich den Blick hebe, sehe ich einen Graureiher über den Garten hinwegziehen.

Ein Blick in den Veranstaltungskalender der Propstei Wechterswinkel lohnt: Ob kulturelle Events im Sofasalon oder ein handwerklicher Kurs – bestimmt finden Sie eine Anregung für Ihre persönliche Pause vom Alltag.

8

Saalewiesen
Ausgangspunkt:
Busbahnhof
Mühlbacher Straße
97616 Bad Neustadt
an der Saale

Erlebnisbad Triamare
Mühlbacher Straße 15
97616 Bad Neustadt
an der Saale
09771 6309950
www.triamare.de

EIN HAUCH NORDSEE IN FRANKEN

Saalewiesen

Heiß brennt die Sonne, als wir aus dem Zentrum Bad Neustadts gen Süden schlendern. Wir lassen die historische Stadtmauer hinter uns, queren die Fußgängerbrücke. Vor uns öffnet sich ein weites Tal, das allein schon durch sein intensives Smaragdgrün erfrischend wirkt. Und wirklich: Kaum befinden wir uns auf dem Wanderweg Richtung Fränkische Saale, scheint das Gras dicker, saftiger, grüner als die vom Sommer ausgedörrten Halme an anderer Stelle. Fast wie an der Nordsee fühle ich mich, fehlen nur noch Meeresduft und Möwenkreischen.

Tatsächlich ist das Saaletal, ein Areal von circa 155 Hektar südlich Bad Neustadts, als Naturschutzgebiet ausgewiesen, denn es handelt sich um eine besonders schützenswerte Landschaft: um natürliche Salzwiesen mit eigener Flora und Fauna.

Im Frühjahr bilden sich mit der Schneeschmelze große Seen, die die Wiesen überschwemmen und Zugvögeln Rastplätze bieten. Im Sommer finden seltene Wiesenbrüter wie der gefährdete Wachtelkönig einen Nistplatz. An mehreren Stellen tritt aus gut 600 Metern Tiefe salzhaltiges Wasser aus den Gesteinsschichten und sorgt für den hohen Salzgehalt. Im Binnenland sind solche Salzwiesen sehr selten, in Süddeutschland sind diese im Saaletal die einzigen.

Wunderbar erfrischt fühlen wir uns nach einem Spaziergang durch diesen einmaligen Landstrich. Wer gerne weiterwandert, kann die Salzwiesen einmal umrunden (die Wege sind gut ausgeschildert) und zum Schluss noch den Aufstieg zur Salzburg wagen, eine der größten Festungsruinen Deutschlands, um die Aussicht über Bad Neustadt und sein einzigartiges Naturschutzgebiet zu genießen.

Abkühlung gefällig? Dann nichts wie los ins Erlebnisbad *Triamare.* An kühlen Tagen lockt die Wellnesslandschaft mit Finnischer Sauna und Sole-Dampfbad. Und nach der Massage ein Aperol auf der Dachterrasse!

4

Historische Altstadt
Ausgangspunkt:
Touristen-Information Münnerstadt
Deutschherrnstraße 18
97702 Münnerstadt
09733 8105 750
www.muennerstadt.de

Wanderung entlang der Lauer
Ausgangspunkt:
Eisweiher nördlich des Friedhofs Münnerstadt
Volksstegweg
97702 Münnerstadt

DAS TOR ZUR RHÖN

Historische Altstadt

Ein Sommertag: Fachwerkhäuser, mächtige Tore und trutzige Bürgerhäuser im Schutz der weitgehend erhaltenen Stadtmauer, in der Mitte die prächtige Stadtpfarrkirche. Hitze brütet in den engen Gassen. Ein plötzlicher Windstoß lässt das Laub der Bäume rascheln. Die Kamera schussbereit halte ich einen Moment inne und schließe die Augen. Verschieben sich nicht gerade die Epochen, rückt die Vergangenheit näher?

770 wurde Münnerstadt erstmals in einer Urkunde erwähnt. Schon in der Jungsteinzeit war die Gegend besiedelt. Liest man sich in die Stadtgeschichte ein, ist von Thüringern und Franken, dem Haus Henneberg, dem Deutschen Orden, geistlichen Herren, Grafen und Klöstern die Rede, die die Geschicke des Ortes und seiner Menschen bestimmten. Sobald Sie durch Münnerstadt schlendern, wird es Ihnen gehen wie mir: Das Buchwissen nimmt Gestalt an, wird erfahrbar, bricht sich in den Schatten des Deutschordensschlosses, rauscht in den Kronen der Bäume rund um die Pfarrkirche.

Da die Sehenswürdigkeiten nahe beieinander liegen, empfiehlt es sich, Stadtplan und Beschreibung bei der Touristen-Information im Deutschordensschloss zu holen und die Plätze in einem gemächlichen Spaziergang anzusteuern. Künstlerisches Zentrum ist die Stadtpfarrkirche mit dem 1492 von Tilman Riemenschneider errichteten Magdalenenaltar. Die Bildtafeln mit Szenen der Kilianslegende stammen von Veit Stoß aus dem Jahr 1504. Bevor ich mich weiter durch die Gässchen treiben lasse, gehe ich die wenigen Schritte zum im 14. Jahrhundert erbauten Jörgentor. Dessen Fachwerkaufbau überragt die Nachbarhäuser deutlich: mein Lieblingsgebäude in Münnerstadt.

Ein Stück hinter dem Jörgentor beginnt ein wunderschöner Themenweg entlang der Lauer. Auf vier Kilometern Länge entdecken Sie paradiesische Wiesenauen, wo sich manchmal sogar der Eisvogel zeigt (Wegmarkierung 8).

5

Frankentherme
Am Kurzentrum 1
97631 Bad Königshofen
im Grabfeld
09761 91200
www.frankentherme.de

KLEINE KUR FÜR ZWISCHENDURCH

Frankentherme

Bad Königshofen liegt idyllisch zu Füßen der Haßberge, umgeben von Rhön und Thüringer Wald. Die Geschichte des Ortes ist bemerkenswert turbulent; er wurde bereits im 8. Jahrhundert urkundlich erwähnt und erhielt 1235 das Stadtrecht. Im Lauf der Jahrhunderte reichten die Mächtigen die Stadt vom Herzogtum Franken bis zum Hochstift Würzburg weiter, ehe sie 1814 an das Königreich Bayern fiel. Was sich im Untergrund tat, wurde erstmals 1896 entdeckt: In einer Tiefe von 35 Metern stieß man auf die Urbani-Quelle, die Heilwasser mit metallischem und leicht bitterem Beigeschmack führt. 80 Jahre später fand man die Regius-Quelle, deren Wasser mehr Natrium und Chlorid enthält und daher salziger schmeckt.

Beide Quellen wirken nicht nur heilend, indem man von ihnen trinkt, etwa bei Gallen- und Leberleiden oder Problemen mit der Bauchspeicheldrüse, sondern auch durch äußere Anwendungen. In der weitläufigen *FrankenTherme* am östlichen Rand Bad Königshofens baden die Gäste rund ums Jahr im Heilwasser, zum Beispiel im 32 Grad warmen Großbecken. Auch das Außenbecken ist ganzjährig geöffnet. Mein Favorit jedoch ist der Heilwassersee, der erste seiner Art in Deutschland und bundesweit der wärmste Natursee, komplett chlorfrei, gereinigt durch Pflanzen und Bodenfilter. Von April bis Oktober schwimmt man im bis 30 Grad warmen Heilwasser aus der Regius-Quelle, genießt die Sprudelliegen, lässt sich an Unterwasserdüsen massieren, um anschließend im Strandkorb zu entspannen.

Da das Heilwasser auch dem Bewegungsapparat guttut, lässt sich ein gemütlicher Tag in der *FrankenTherme* quasi als kleine Kur für zwischendurch einplanen. Fans von Dampfbädern sollten unbedingt das finnisch-fränkische Saunadorf aufsuchen und einen Bieraufguss ausprobieren!

Einmal im Monat ist Familientag in der *FrankenTherme*: Ein Ticket zum Zwei-Stunden-Tarif ermöglicht einen ganzen Tag Badespaß für Große und Kleine.

6

Rosengarten
Alexandrinenstraße 9–10
96450 Coburg

St. Nikolaus
Ketschendorfer Straße 30
96450 Coburg
www.sanktnikolaus
coburg.de

BLUMENDUFT UND WALZERKLANG

Rosengarten

Schon bevor die Deutsche Rosenschau 1929 in Coburg stattfand, erstreckte sich am südlichen Rand des historischen Zentrums eine Wiese, bepflanzt mit Sträuchern und Bäumen und ab 1906 bereichert mit einem markanten Bronzeguss: Den *Sintflutbrunnen* schenkten die Coburger Bürger ihrem Herzog Carl Eduard zur Erinnerung an den Beginn seiner Regentschaft. Doch zum echten Rosengarten wurde das Areal erst 13 Jahre später, auf Initiative von Julius Popp, der zum 100. Geburtstag des Coburger Obst- und Gartenbauvereins die Rosenschau anregte. Sie wurde ein voller Erfolg: 200.000 Besucher sahen sich die 15.000 Exemplare duftender Blumen an.

Seitdem hat der Rosengarten etliche Veränderungen erfahren. Er ist neben dem Hofgarten die zweite stille Grünanlage der Stadt, in der Einheimische gerne die Mittagspause verbringen, frische Luft schnappen oder einen Plausch auf einer Bank halten. Umgeben von gut 70 Rosenarten und ihrem betörenden Duft kann man die Seele baumeln lassen. Im Palmenhaus lassen sich tropische Pflanzen entdecken, besonders bunt und prächtig erstrahlen die Orchideen. Mir persönlich haben es vor allem die Kakteen angetan, von denen einige eine so beachtliche Größe erreicht haben, dass man für das obligatorische Foto lieber nicht zu dicht heranrückt.

Der Gedenkstein in unmittelbarer Nähe des Palmenhauses ist einem Coburger Promi gewidmet: Johann Strauss, der Walzerkönig, heiratete 1886 in der Stadt seine dritte Frau, Adele, nachdem im liberalen Herzogtum Sachsen-Coburg und Gotha die Scheidung von seiner zweiten Gattin – anders als im katholischen Wien – möglich war. Der damalige Regent, Herzog Ernst II., war zudem erklärter Musikliebhaber. Auf diesem Weg wurde der Walzerkönig Coburger Bürger und blieb es bis zu seinem Tod.

Einen Steinwurf entfernt liegt die von wechselvoller Geschichte geprägte Nikolauskapelle in einem idyllischen Gärtchen. Sie diente vier christlichen Gemeinschaften als Gebetshaus und war 60 Jahre lang Synagoge.

7

Stadtkirche St. Moriz
Kirchhof 3
96450 Coburg
www.morizkirche-coburg.de
www.moriz-klingt.de

Markthalle Coburg
Albertsplatz 2
96450 Coburg
www.markthalle-coburg.com

WO MARTIN LUTHER PREDIGTE

Morizkirche

Die evangelisch-lutherische Stadtkirche St. Moriz, eine dem Heiligen Mauritius geweihte gotische Hallenkirche, ist das älteste Gotteshaus Coburgs. Sie ruht nicht nur auf den Fundamenten einer romanischen Basilika aus dem 13. Jahrhundert, sondern vereint etliche Wegmarken der Stadtgeschichte in sich. Der älteste Teil des Bauwerks ist der Langchor im Osten, der von außen erstaunlich filigran wirkt, an einem hellen Sommertag fast durchscheinend. Die Westfront dagegen stellt manchen Besucher vor Rätsel: Während der Nordturm mit Türmerstube und Welscher Haube auch von außerhalb der Kernstadt weithin sichtbar ist, duckt sich der Südturm in seinen Schatten. Er blieb schlicht unvollendet.

Zu Luthers Coburger Zeit, im Jahr 1530, war die Kirche gerade eine Baustelle: Zehn Jahre zuvor hatte man mit einem Ersatzbau des Langhauses begonnen, und auch das Dachtragwerk konnte erst 1532 fertiggestellt werden. Dennoch predigte der Reformator während der Osterwoche siebenmal in St. Moriz. Erst im 18. Jahrhundert wurden die Rokokokomponenten im Innern der Kirche angebracht. Auf mich wirkt der Innenraum mit seinen beiden Emporen recht kühl, konzentriert auf das von Herzog Johann Casimir im Jahr 1598 in Auftrag gegebene Epitaph für Johann Friedrich den Mittleren, Herzog zu Sachsen.

Samstags zur Marktzeit erklingt im Gotteshaus Musik für alle, die der Alltagshektik für eine halbe Stunde entfliehen möchten. Musikalische Highlights im Verlauf des Jahres tragen unter anderen der Bachchor und der Posaunenchor St. Moriz vor. Wer durch Orgelklänge und Gesang in meditative Stimmung versetzt wurde, kann abschließend die malerische Stimmung im Kirchhof auf sich wirken lassen.

Wie wäre es mit einer kulinarischen Auszeit? In der Markthalle Coburg können Sie zwischen allerhand Genüssen wählen, bei sonnigem Wetter direkt auf dem Albertsplatz mit Blick auf die Wasserspiele.

8

Kunstsammlungen der Veste Coburg
96450 Coburg
09561 8790
www.kunstsammlungen-coburg.de

Kunstverein Coburg e.V.
Park 4a
96450 Coburg
www.kunstverein-coburg.de

SCHATZKAMMER FRANKENS

Kunstsammlungen der Veste Coburg

Im Jahr 1060 wird erstmals eine Kapelle St. Peter und Paul erwähnt – auf dem Festungsberg, auf dem ab dem 12. Jahrhundert eine Burg entsteht, die zu den größten Burgenbauten der Stauferzeit gehört. Sie wurde ab dem 16. Jahrhundert zum Stammsitz der Herzöge von Sachsen-Coburg. Schon von Weitem sichtbar thront die gewaltige Festung mit ihren markanten Türmen und Mauern auf dem Bergkegel – nicht umsonst nennt man sie auch »die Krone Frankens«. Ihre umfangreichen herzoglichen Kunstsammlungen lassen Besucher tief in die Vergangenheit eintauchen: In der Großen Hofstube ist der einzige komplett erhaltene spätgotische gusseiserne Ofen Deutschlands zu bestaunen: Er stammt aus dem Jahr 1501. Kunstliebhaber wissen die zahlreichen altdeutschen Werke zu schätzen, Skulpturen und Gemälde aus dem Mittelalter und der Renaissance, etwa das berühmte *Ungleiche Paar* von Lucas Cranach, genauso wie diverse kunsthandwerkliche Objekte von Barock bis Jugendstil.

Ich selbst habe zwei Lieblingsausstellungen auf der Veste: Zum einen die Sammlung von Kutschen und Schlitten, mit denen die adeligen Festungsbewohner auszufahren pflegten. Manch luxuriöses Fahrzeug ist zu bewundern, und es ist nicht viel Fantasie nötig, um sich so ein prunkvolles Reisegefährt auf dem Weg von der Veste zur Stadt vorzustellen. Zum anderen begeistern mich die Waffen und Rüstungen; vermutlich schlägt hier die Krimiautorin in mir durch, in deren Kopf angesichts der Turnier- und Feuerwaffen augenblicklich eine historisch-kriminelle Szenerie entsteht.

Nicht zu vergessen: Martin Luther lebte 1530 ein halbes Jahr auf der Veste. In der Lutherstube verfasste er unter anderem den Coburger Psalter.

Neuere Kunst ist im Pavillon des *Kunstvereins Coburg* zu sehen, den Sie von der Veste aus zu Fuß in einer halben Stunde erreichen. Der Weg führt Sie durch den grünen, ruhigen und ein wenig verwunschenen Hofgarten, wo manche Bank zum Verweilen einlädt.

9

Mainschleife Unterbrunn
Ausgangspunkt:
Parkplatz am
Vogelbeobachtungsturm
zwischen Oberbrunn und
Unterbrunn
96250 Ebensfeld
https://lichtenfels.bund-naturschutz.de
www.mainradweg.com

Naturbad Ebensfeld
Badweg 1
96250 Ebensfeld
09573 96080
www.ebensfeld.de/de/leben-wohnen/badesee.php

WO DER FLUSSREGENPFEIFER WOHNT

Mainschleife zwischen Unter- und Oberbrunn

Dass Flüsse über Jahrzehnte in Zwangsjacken in Form von Begradigungen gesteckt wurden, hat sich gerächt: Uferland wurde nicht mehr überschwemmt, Auwälder starben, viele Tiere verloren ihren Rückzugsraum. So erging es auch dem Main, *dem* fränkischen Fluss. Doch die alten Mainschleifen werden an manchen Stellen wieder renaturiert, wie die zwischen Unter- und Oberbrunn im Obermaintal. Sie ist ein Teil des Landschaftsverbandes *Flussparadies Franken.* Diese »neue« Schleife von 1,6 Kilometern Länge folgt in etwa dem historischen Flusslauf und liegt direkt am beliebten *Mainradweg*. Der Main darf sich hier natürlich entwickeln und bietet zahlreichen Arten eine Heimat.

Und die ersten Tiere begrüßen uns, kaum dass wir uns mit unseren Rädern dem Ufer nähern: Schwalben zischen um unsere Köpfe, im Uferbewuchs zwitschert und piept es fröhlich. Der warme Sommerabend lädt ein, dem *Maingezwitscherpfad* zu folgen und dabei an den fünf Infostationen einiges über den Main zu lernen. Am Holzpavillon eröffnet sich gleich zu Beginn ein schöner Blick über die Mainschleife und zum Veitsberg. Menschen wie ich, die gerne alte Landkarten lesen, können mit Hilfe einer Drehscheibe nachvollziehen, wie der mäandernde Fluss in den Jahren zwischen 1860 und 2011 gebändigt wurde und heute teilweise wieder seine natürlichen Bahnen zieht.Weiter führt die Erkundung am Ufer entlang zum Vogelbeobachtungsturm und schließlich zum Angersee, wo eine Schautafel über die Fische informiert, die sich im Fluss tummeln.

Doch auch abseits der Wissensvermittlung spüren wir vor Ort eindringlich, wie gut dieses kleine Paradies tut: Wir lauschen dem Plätschern des Wassers und sehen sogar einen Flussregenpfeifer durch den Kies hüpfen, der hurtig Reißaus nimmt.

Schwimmen lässt es sich wunderbar im nahen Ebensfelder See, wo Sie den ganzen Tag die Seele baumeln lassen und baden, lesen, Sonne tanken und Eis oder Wiener Würstchen vom Kiosk genießen können.

10

Bad Staffelsteiner Seenland
Ausgangspunkt:
Obermaintherme
Am Kurpark 1
96231 Bad Staffelstein
09573 96190
www.obermaintherme.de

OSTSEE GANZ NAH

Bad Staffelsteiner Seenland

Zugegeben, *die* Ostsee ist von Franken weit entfernt, *der* Ostsee jedoch liegt mittendrin: Er ist Teil der Bad Staffelsteiner Seen im Obermaintal und bildet mit Westsee, Riedsee und Mittelsee eine traumhafte Wasserlandschaft für Schwimmer, Paddler, Radler, Wanderer und Segler.

Ein sonniger Freitagmorgen im Sommer liegt vor uns, wir parken an der Obermaintherme. Von hier führen nur wenige Schritte in den Kurpark mit seinen beiden Gradierwerken, beeindruckende Holzkonstruktionen, an deren Schwarzdornreisigflächen solehaltiges Wasser herabrieselt und – sozusagen – ein Meeresklima schafft. Am nördlichen Ende verlassen wir die Grünanlage und stehen plötzlich in der Wildnis. Keine Spur mehr von englischem Rasen, stattdessen wuchern Wald und Wiesen, Vögel singen um die Wette, die glatte Wasserfläche des Riedsees spiegelt den blauen Himmel.

Noch vor 30 Jahren befand sich an diesem Ort ein rund 20 Hektar großer Auwald, von dem nur ein etwa 50 Meter langer Streifen am See geblieben ist. Doch wir ahnen etwas von seinem Artenreichtum, als wir Riedsee, Mittelsee (beide bilden eine Einheit) und den kleineren Ostsee umrunden, in Form einer liegenden Acht. Nur wenige Wanderer sind unterwegs, und auch auf dem Wasser tobt zu so früher Stunde noch nicht das Leben. Ein Gimpel flattert vor uns aus dem Gebüsch, ein orangeroter Klecks vor all dem Grün und Blau. Immer wieder ergeben sich herrliche Ausblicke auf den Staffelberg östlich von Bad Staffelstein und zum Kloster Banz genau gegenüber. Ein Abstecher zum nördlichen Ende des Westsees, wo sich ein Aussichtspunkt erhebt, krönt die heutige Wanderung mit einem Rundblick in die »Gottesgarten« genannte Landschaft am Obermain.

Die Obermaintherme verfügt über Bayerns wärmste und stärkste Thermalsole und bietet auf 3.000 Quadratmetern Schwimm- und Solebecken, einen Naturbadesee sowie etliche Events rund um Sauna und Wellness.

11

Sonnenuntergang am
Staffelberg
Ausgangspunkt:
Friedhof Staffelstein
Viktor-von-Scheffel-
Straße 20
96231 Bad Staffelstein

SONNENUNTERGANG IM GOTTESGARTEN

Staffelberg bei Bad Staffelstein

Romantische Seelen lieben Sonnenuntergänge. Auch nüchterne Zeitgenossen können sich ihrem Zauber nicht immer entziehen – zumal wenn sie auf einem Berggipfel stehen. Genau das haben wir heute vor: eine spätsommerliche Wanderung am Abend.

Es ist Juli, die Sonne soll um 21.11 Uhr untergehen. Punkt 19.45 Uhr parken wir am Friedhof in Bad Staffelstein und steigen den gut markierten Weg auf den Staffelberg hinauf. Die Sonne steht noch hoch am Himmel. Binnen Kurzem finden wir uns zwischen Wiesen und Feldern wieder. Die Alltagsgeräusche werden leiser und verklingen schließlich ganz. Schmetterlinge tänzeln um uns herum, Bienen summen. Schnell geraten wir ins Schwitzen, der Pfad wird steil, und direkt über uns sehen wir die aus Riffkalk und verkarstetem Riffdolomit bestehende Felsenkrone des Gipfels – der eigentlich ein Plateau ist.

539 Meter über dem Meeresspiegel liegt der Staffelberg, ein weithin sichtbares Wahrzeichen des »Gottesgartens«, wie das idyllische Obermaintal zwischen Ebensfeld und Lichtenfels genannt wird. Der Dichter Victor von Scheffel besang den Berg in seinem *Frankenlied.* Das Plateau erreichen wir nach einer guten Stunde und 250 überwundenen Höhenmetern. Auf unserer mitgebrachten Decke lassen wir uns am westlichen Rand des flachen Gipfels nieder. Die Sonne leuchtet schon dunkelrot, das Tal unter uns wirkt wie mit Gold bestäubt; vor dem orangefarbenen Himmel zeichnen sich die Berge des Thüringer Walds ab. Die Sandsteinfassade der Basilika *Vierzehnheiligen*, von hier aus prächtig zu sehen, erstrahlt im letzten Sonnenlicht. Auf der Bergkette gegenüber scheint das mächtige Kloster Banz mit dem Abendlicht zu verschwimmen. Romantik pur.

Für ein Sonnenuntergangspicknick auf dem Staffelberg brauchen Sie außer Proviant und einer Kamera eine Sitzunterlage, eine warme Jacke und eine Stirnlampe, um im Dunkeln wieder den Weg hinab zu finden.

12

Hohe Metze
Ausgangspunkt:
Schönstatt-Zentrum Marienberg
Dörrnwasserlos 50
96110 Scheßlitz
09542 7635
www.schoenstatt-bamberg.de

WIE AUF ADLERS SCHWINGEN

Aussichtsfelsen Hohe Metze

Das südliche Oberfranken von oben bestaunen – dazu muss man nicht in ein Flugzeug steigen. Eine Tour auf den 520 Meter hohen, markant-felsigen Berg Hohe Metze bei Scheßlitz tut es (beinahe) auch. Bei klarem Wetter reicht die Sicht bis zur Weltkulturerbestadt Bamberg und in den Steigerwald. Mehrere Wanderwege führen auf die Hohe Metze, etwa von Roschlaub aus, vorbei an der durchaus beeindruckenden Steinernen Rinne (einer linearen, natürlich gewachsenen Kalktuffsteinerhöhung). Wir sparen uns jedoch den steilen Aufstieg und beginnen unsere Wanderung hinter der Kirche des *Schönstatt-Zentrums Marienberg.* Von hier führt der gut markierte Weg einmal um das Plateau herum. Unsere erste Station ist *Der Weiße Lahma,* ein Infopunkt am Rande eines Biotops, welches auf kalkig-lehmigem Boden entstanden ist; daher der Name. Das geschützte Gebiet wirkt ganz anders als die sonstige waldige Umgebung mit ihrem intensiven Grün. Auf dem Gelände wächst Trocken- und Halbtrockenrasen, unter dem die weiße Grundfläche durchscheint. Etliche Pflanzen wie Küchenschelle und Gefranster Enzian haben sich angesiedelt.

Wir folgen dem Wanderpfad und erreichen nach 20 Minuten die Felsformation Hohe Metze, die am südlichen Rand des Berggipfels aufragt. Ein einsamer Picknicktisch lädt zur Jause ein, die mangels gastronomischer Angebote mitgebracht werden sollte. Doch man kann auch einfach auf dem Fels Platz nehmen und ins Land schauen, und zwar so gut wie immer allein. Die frühlingsgrünen Wiesen, die bestellten Felder, die Dörfer, deren rote Dächer in der Sonne glänzen – der Blick wandert weit durchs unverstellte Land. Und in der Stille hören wir tatsächlich zum ersten Mal in diesem Jahr einen Kuckuck rufen.

Sonntags am frühen Nachmittag werden im *Schönstatt-Zentrum* hausgemachte Kuchen und Torten serviert; eine ideale Möglichkeit, die bei der Wanderung verbrauchten Kalorien genussreich zu ersetzen.

18

Kleinziegenfelder Tal
Ausgangspunkt:
Parkplatz am
nördlichen Ende von
Kleinziegenfeld
96260 Weismain

Gasthof Zöllner
Kleinziegenfeld 43
96260 Weismain
09504 266
www.gasthof-zoellner.de

IM TAL DES BIBERCLANS

Kleinziegenfelder Tal

Er ist eindeutig schneller als wir. Flink taucht der Biber mit ein paar kräftigen Schwanzschlägen in der Weismain ab. Verblüfft stehen wir auf dem Wanderweg und gucken ihm nach. Das Nagetier ist in unseren Breiten wieder heimisch, das wissen wir, doch ihm derart nahe zu kommen, ist ein echtes Highlight. In dem zwölf Kilometer langen Kleinziegenfelder Tal entdecken wir alle paar Meter Zeugnisse intensiver Biberaktivität. Abgenagte Baumstämme, aufgeschichtetes Holz: Ein ganzer Clan muss zugange sein!

Auf unserer Wanderung auf dem Weg Nummer 4 von Kleinziegenfeld nach Weihermühle begegnen wir noch anderen scheuen Tieren: Ein Specht stochert in einem morschen Stamm nach Insekten und fliegt erst weg, als wir fast auf Armeslänge herangekommen sind. Hoch oben zieht ein Graureiher seine elegante Bahn unter dem blauen Himmel, ein Apollofalter tänzelt vor uns durch die Luft. Das Kleinziegenfelder Tal ist eines der letzten fränkischen Habitate für diesen majestätisch anmutenden Schmetterling. Seine Raupe ernährt sich von der Weißen Fetthenne, einer Pflanze, die in den Spalten der markanten Kalkfelsen in dieser Gegend wächst. Allein der Anblick dieser bei Kletterern beliebten Steinformationen, mit solch klingenden Namen wie »Hammerschmiedturm« oder »Rotwand«, flößen mir Respekt ein.

Anstatt zwischen Himmel und Erde mit Seil und Karabiner die Senkrechte zu überwinden, wandern wir über Weihermühle auf dem Weg Nummer 5 nach Arnstein hinauf. Von dort laufen wir hoch oben nach Kleinziegenfeld zurück, mit einer Pause am Aussichtspunkt *Heideknock,* wo wir das ganze Tal überblicken können. Unsere Kräfte reichen sogar noch für einen kurzen Abstecher zu der täuschend echt aussehenden Radfahrerstatue *Claudius,* dem Wahrzeichen von Kleinziegenfeld, das auf einem Felsen hoch über der Weismainquelle steht.

Fränkische Küche, uriges Ambiente und gemütliche Gästezimmer bietet der Landgasthof *Zöllner* in Kleinziegenfeld. Mein kulinarischer Tipp: die frische Forelle direkt aus dem Tal.

14

Leinleiterquelle und -tal
Ausgangspunkt:
Wanderparkplatz
Leinleitertal
An der St2187
91332 Heiligenstadt
www.markt-heiligenstadt.de/tourismus

Brauereigaststätte Huppendorf
Huppendorf 25
96167 Königsfeld
09207 270
www.huppendorfer-bier.de

Expedition zum Wasser

Leinleiterquelle und Leinleitertal

Unsere heutige, rund sieben Kilometer lange geologische Expedition startet am Wanderparkplatz Leinleitertal an der St2187 nahe der Heroldsmühle, die unser erstes Etappenziel darstellt. Es ist Spätsommer; das Laub beginnt sich herbstlich zu färben. Ein Graureiher fliegt über uns hinweg.

An der Heroldsmühle mit dem beeindruckenden über 100 Jahre alten Wasserrad wenden wir uns nach links und stapfen auf einem schmalen Pfad durch den Wald. Kaum lassen wir die Bäume hinter uns, öffnet sich auch schon das sogenannte Trockental, das sich nach der Schneeschmelze und bei starkem Regen mit Wasser füllen kann. Linker Hand am Hang hören wir die Leinleiterquelle plätschern, die ganzjährig sprudelt. Obwohl der Sommer trocken war, mäandern schmale Wasserläufe durch das Grün. Das pleistozäne Flüsschen entsprang etwa drei Kilometer weiter nördlich und trieb seine Spur tief in den Karst. So entstand die sich schlängelnde Schlucht mit ihren steilen Hängen, eine beeindruckende und in Franken beinahe fremdartige Landschaft. Das Tal wird jährlich von Schafen beweidet, um die mageren Wiesen offen zu halten. Wer die Gegend zum Ende des Winters besucht, kann Zeuge eines besonderen Naturschauspiels werden: An manchen Stellen sprudelt dann Wasser aus dem Karst und überschwemmt das Tal. Diese Hungerbrunnen, in Franken »Tummler« genannt, können in schneereichen Wintern ihre Fontänen durchaus über zwei Meter in die Höhe spritzen.

Heute jedoch wandern wir trockenen Fußes weiter bis zur Abzweigung zu den Resten des Burgstalls Heroldstein, hoch auf dem Felsriff über der Senke, von wo wir schließlich zum Parkplatz zurücklaufen.

Weithin bekannt ist das süffige *Huppendorfer,* ein bernsteinfarbenes Bier, das Sie nach der Wanderung in der gleichnamigen Brauereigaststätte genießen können. Dazu wird einmal im Monat, ganz fränkisch, Schlachtschüssel serviert. Termine bitte anfragen.

15

Weinstube Alte Torwache
Melchior-Otto-Platz 12–13
96317 Kronach
09261 964440
https://weinstube-alte-torwache.business.site

Ferienhäuser Zur Schäferei
Häusles 3
96268 Mitwitz
09264 915735
www.ferienhaeuser-zur-schaeferei.de

WEIN, MITTELALTER UND GESANG

Weinstube Alte Torwache

Fetzige Musik schallt durch die enge kopfsteingepflasterte Gasse. Jemand öffnet die Tür zum Lokal unter dem massiven Torhaus, und laut tönt uns *There's Whiskey In The Jar* entgegen. Whiskey? Hatten wir uns nicht in einer Weinstube verabredet? Als unser Grüppchen die schmale Treppe hinaufsteigt und den verwinkelten Gastraum betritt, wird klar, wer an diesem Samstagabend rockt: Die in Franken prominente Zwei-Mann-Band *Pubsody* spielt ihre irischen Songs live! Rasch belegen wir unseren reservierten Tisch. Wir schauen direkt auf die historische Gasse unter uns. Überhaupt strahlt die gesamte Weinstube Geschichte aus – und Wehrhaftigkeit!

Das Bamberger Tor, in dem sich 1979 das Lokal eingerichtet hat, bildet einen integralen Teil der raffinierten Kronacher Stadtbefestigung. Denn Kronachs Oberstadt ist vor allem eins: ein begehbares Zeugnis cleverer Wehrtechnik. So wurde das Bamberger Tor laut Urkunde 1444 errichtet, hieß damals noch Haßlacher Tor, bestand aus einem inneren und einem äußeren Tor und spielte eine bedeutende Rolle bei der Verteidigung der Stadt während der Belagerungen durch die Schweden Mitte des 17. Jahrhunderts. Die Kronacher trieben die zum Sturm formierten Angreifer mehrmals erfolgreich zurück, und das, obwohl bei der dritten Attacke ein gewaltiges Loch zwischen innerem und äußerem Tor geschlagen wurde.

Zurück in die Gegenwart. Wir sitzen gemütlich beisammen, können uns – die Weinkarte ist ein Füllhorn an Möglichkeiten! – lange nicht zwischen Schwarzriesling und Rotling entscheiden, bestellen schließlich noch ein paar fränkische Brotzeiten und lassen uns von den irischen Weisen mitreißen.

Wer Ferien auf dem Bauernhof im Frankenwald machen möchte, dem seien die (vielfach ausgezeichneten) Ferienhäuser *Zur Schäferei* im zehn Kilometer entfernten Häusles empfohlen.

16

Festung Rosenberg
Festung 1
96317 Kronach
09261 60410
www.kronach.de

Wanderweg
FrankenwaldSteigla
»Entlang der Marter«
www.frankenwald-tourismus.de

LAUFSTEG FÜR EINE HASENDAME

Festung Rosenberg

Auf dem Rosenberg, 378 Meter über Normalhöhennull, sitzt die gleichnamige Festung wie eine Krone über der Oberen Stadt, dem historischen Kern Kronachs. Errichtet an den wichtigen Handelswegen der damaligen Zeit, scheint sie heute noch unbezwingbar. Sie wurde tatsächlich nie gewaltsam eingenommen.

Die Bamberger Fürstbischöfe, zu deren Territorium Kronach von 1122 bis zur Säkularisierung des Hochstifts Bamberg im 19. Jahrhundert gehörte, bauten die Festung zu einer gewaltigen Wehranlage aus. Im Dreißigjährigen Krieg hielt sie mehrmals dem Angriff der Schweden stand. Der Legende nach griffen damals die nach langer feindlicher Belagerung ausgehungerten Kronacher zu einer List: Sie ließen das letzte noch lebende Tier, eine Hasendame, auf den Außenmauern gut sichtbar umherspazieren. Die Belagerer fielen auf die Täuschung herein. »Wenn die Kronacher Tiere frei laufen lassen, müssen sie noch tonnenweise Vorräte haben«, mutmaßten die Schweden und zogen frustriert ab. Ein paar steinerne Nachfahren dieser »Housnkuh« hoppeln heute noch auf der Stadtmauer umher.

Zu den unrühmlichen Episoden der Geschichte gehört, dass die Festung Rosenberg im Ersten Weltkrieg als Gefangenenlager für Offiziere diente. 1917 saß der damalige Hauptmann Charles de Gaulle, später Staatspräsident Frankreichs, in Kronach ein. Heute kann man die Anlage bei einer Führung mit allen ihren Facetten kennenlernen. Highlight für Kunstfreunde: Die *Fränkische Galerie* zeigt auf etwa 1.000 Quadratmetern Ausstellungsfläche fränkische Werke aus Mittelalter und Renaissance. Prominent darunter sind etwa der in Kronach geborene Lucas Cranach der Ältere, Tilman Riemenschneider und Wolfgang Katzheimer.

Unterhalb der Festung liegt der Einstieg in den Wanderweg *FrankenwaldSteigla »Entlang der Marter«* – ein 15 Kilometer langer Rundweg entlang typisch fränkischer Bildstöcke zur Wallfahrtskirche Glosberg.

17

Bastelsmühle
Bastelsmühle 1
96358 Teuschnitz
09268 6279
www.bastelsmuehle.jimdofree.com

Arnika-Akademie
Schulstraße 5
96358 Teuschnitz
0171 2203870
www.teuschnitz.de/arnika-akademie

EINE BROTZEIT BEI FUCHS UND HASE

Bastelsmühle bei Teuschnitz

Die Herausforderung liegt nicht in den knapp zehn Kilometern, die wir uns zu wandern vorgenommen haben. Vielmehr in den zu überwindenden Höhenmetern – stolze 277! Dabei befinden wir uns nicht in den Alpen, sondern im Frankenwald. Das Mittelgebirge im Nordosten Frankens kann einen also ganz schön ins Schwitzen bringen. Doch wir haben auf diesem Rundweg ein idyllisches Zwischenziel, die *Bastelsmühle,* in deren Nähe der Dammbach in die Haßlach mündet. Man könnte es auch so ausdrücken: wo Fuchs und Hase sich gute Nacht sagen. Es wäre nicht falsch.

Von der Kirche in Teuschnitz führt der Haßlachweg mit der Markierung R74 nach Osten in den Wald, wo wir nach etwa drei Kilometern den niedrigsten Punkt unserer Wanderung erreicht haben. In der Senke streiten Flüsschen und Bahnstrecke um Platz, bis sich das enge Tal weitet und Raum lässt für sanft ansteigende Wiesen. Wir passieren zwei ehemalige Bahnwärterhäuser; hinter dem zweiten liegt schon die Bastelsmühle. Nur ein paar Autos stehen davor, auch drei Pferde sind an einem eigens eingerichteten »Pferdeparkplatz« angebunden.

Die Sonne steht hoch, doch zu heiß wird es im Frankenwald selten. Wir lassen uns auf der Terrasse nieder. Eine fränkische Hausmacherplatte darf es jetzt sein, und weil wir wirklich hungrig sind, bestellen wir gleich die für zwei Personen. Immerhin steht uns noch ein steiler Aufstieg bevor. Entspannt genießen wir den Blick über die sanften grünen Hänge und die plätschernde Haßlach. Weil Oberfranken auch »Bierfranken« genannt wird, lassen wir uns ein Kellerbier zur Brotzeit schmecken, bevor wir durch den Kohlwald, wo wir den höchsten Punkt dieses Ausflugs erreichen, zurück nach Teuschnitz wandern.

Teuschnitz unterhält eine Arnika-Akademie, die sich in Veranstaltungen und Lehrgängen mit der in der Umgebung vielfach vorkommenden Arzneipflanze befasst. Diese enthält etwa 150 pharmazeutisch wirksame Stoffe.

18

Kurpark Bad Steben
Zugang zum Beispiel über die
Tourist-Information Bad Steben in der Wandelhalle
Badstraße 31
95138 Bad Steben
09288 7470
www.bad-steben.de

Therme Bad Steben
Badstraße 31
95138 Bad Steben
09288 9600
www.bad-steben.de

Mit Herzenslust unterwegs

Kurpark Bad Steben

Schon färben sich die Blätter gelb – der Herbst zieht ein, doch selbst im rauen Frankenwald strahlt heute noch immer warme Sonne über dem Bad Stebener Kurpark und der Wandelhalle. Das hellgelb und weiß leuchtende Gebäude stammt aus dem 19. Jahrhundert und wurde von Leo von Klenze, der auch der Stadt München das klassizistische Gepräge gegeben hat, als Badehaus errichtet.

Gebadet wird heute in der Therme in direkter Nachbarschaft, doch in der Wandelhalle lässt es sich von der Max-Marien-Quelle kosten. Dem Calcium Hydrogencarbonat-Säuerling wird eine wohltuende Wirkung auf die Nieren nachgesagt; man soll ihn im Umhergehen nippend konsumieren. Also verlasse ich mit meinem Trinkbecher die Wandelhalle und begebe mich in den sich anschließenden Kurpark. Still ist es, nur der Wind raschelt in den herbstlichen Bäumen. Einige Kurgäste genießen diesen vielleicht letzten warmen Tag des Jahres, rasten auf einer Bank oder spazieren mit Nordic-Walking-Stöcken über die Wege. Ausgeschildert sind etliche Wanderpfade, bezeichnenderweise mit einem Herz-Symbol, je nach Schwierigkeitsgrad. Wer flott zu Fuß ist, entscheidet sich für die schwarz markierte Route, die auf guten 2,5 Kilometern durch den gesamten Kurpark führt.

Letzte Stadtgeräusche verblassen an diesem Ort schnell, ich stecke den leeren Trinkbecher in den Rucksack. Ohne Bewegung sei Leben unmöglich – ein weiser Ausspruch von Mosche Feldenkrais, so erinnere ich mich. Wem das Bewegen schwerfällt, dem eröffnet Bad Steben eine Chance: Das Kurbad verfügt über eine in Mitteleuropa seltene natürliche Radon-Quelle, die Schmerzen bei degenerativen Gelenkerkrankungen lindert. Der Effekt dieser auf ärztliche Verordnung erhältlichen Anwendung soll bis zu sechs Monate anhalten.

Lust auf Hinkelsteine? Erwandern sie die *Zwölf Apostel* von Langenbach: Zwölf schnurgerade aufgestellte Felsen, von denen Heimatforscher sagen, es könnte sich um ein steinzeitliches Observatorium handeln. Sie liegen am Südwesthang von Langenbach und sind über den *12-Apostel-Weg* erreichbar.

19

MITIMINO-
Lama-Trekking
Familie Baier
Döbrastöcken 5
95119 Naila
09289 964784
www.mitimino-lamas.de

TREKKING MIT VIERBEINERN

Lama-Wandern auf den Döbraberg

Melisse ist schneeweiß, hat sanfte Augen und ist für heute meine Trekkingbegleitung. Ich stehe mit einem bunten Grüppchen aus Kindern und Erwachsenen in einem Gehege auf dem Lamahof von Familie Baier in Döbrastöcken. Die tierischen Lastenträger aus den Anden erfreuen sich in Deutschland immer größerer Beliebtheit, sogar als Therapietiere kommen sie zum Einsatz. Unsere Gruppe will jedoch einfach nur wandern, auf den Döbraberg, den höchsten Berg des Frankenwalds.

Michael Baier gibt Tipps: Leine nicht als Schlaufe um die Hände; links vom Lama laufen; am Hals gestreichelt zu werden, mögen die Tiere am liebsten – und schon zieht unsere Karawane über eine Wiese in den nahen Wald. Lama Fenchel will sich mit der Laufordnung nicht abfinden und tänzelt aus der Reihe. Melisse dagegen bildet gerne das Schlusslicht, wobei sie ab und zu stehen bleibt, um Blätter von den Büschen am Wegrand abzuknabbern. Lamas sind zugewandte Gesellen, sie gehen mit den Menschen auf Augenhöhe, passen ihre Schrittgeschwindigkeit an. Es wird rasch steil an den Hängen des Döbrabergs, der Untergrund ist nass vom Regen. Alles kein Thema für die Lamas, die entspannt für Porträtfotos herhalten. Auf dem Gipfel legen wir eine Trinkpause ein, bevor wir in gemächlichem Tempo unseren Rundweg zurück nach Döbrastöcken beenden. Viel zu schnell, wie mir scheint, muss ich mich von Melisse verabschieden.

Zum Ausklang wird in der Merienda-Scheune eine selbst gebackene Pizza serviert. Die Baiers sorgen für eine familiäre Atmosphäre, schnell kommt man mit den anderen Lamafreunden ins Gespräch. Durchs Fenster guckt der pfiffige Fenchel herein, um uns beim Essen zuzusehen. Beim nächsten Mal buche ich eine Tagestour, so viel steht fest.

Wer mag, kann von April bis Oktober im Schäferwagen *Weidetraum* auf dem Lamahof übernachten. Die Baiers bringen morgens das Frühstück persönlich. Buchbar für ein bis zwei Personen.

20

Blick aufs Wasser beim
Hotel am Untreusee
Wilhelm-Löhe-Straße 3
95032 Hof
09281 540653
www.seehaus-hof.de

Kletterpark Untreusee
95032 Hof
09281 8333558
www.kletterpark-untreusee.de

ITALIEN IN FRANKEN GANZ OBEN

Hotel am Untreusee

Ein heißer Sommertag, dringend suchen wir Abkühlung. Die finden wir am Untreusee im Süden der Stadt. Wie alles in Hof wird auch an diesem Ort tief gestapelt: Man protzt nicht mit dem, was man zu bieten hat. Man schafft den Gästen einfach eine angenehme Atmosphäre. Auf ausgedehnten Liegewiesen darf entspannt werden, Sportliche spielen Beachvolleyball und Minigolf, Kinder haben auf den Spielplätzen Spaß, außerdem finden sich Ausgangspunkte für alle Arten von Wassersport. Und selbst bei herrlichem Wetter wie heute wirkt alles ruhig und unaufgeregt.

Gleiches gilt für das kleine Hotel am Untreusee mit seinem italienischen Restaurant. Nach dem erfrischenden Bad im See nehmen wir an einem der Tische Platz, um aufs Wasser zu blicken und einen langen Ausflugstag bei einem leckeren Essen im Schatten der Sonnenschirme ausklingen zu lassen. Zunächst trinken wir einen Aperol Spritz, plaudern ein wenig mit anderen Gästen, bevor wir erneut die Nase in die Speisekarte stecken.

Hof heißt bei manchen, die meinen, es zu kennen, »bayerisches Sibirien«. Immer ein wenig kälter als der Rest der Region, verregnet, ungemütlich. Heute Abend jedoch herrscht an den Ufern des Sees italienische Behaglichkeit, die wir kulinarisch mit unserer Bestellung unterstreichen. Das »Antipasto misto« für zwei stillt schon einmal den kleinen Hunger. Aus der Liste von mindestens 20 Pizzen, die auf Stein gebacken werden, mit zusätzlichen Variationsmöglichkeiten, stellen wir unsere Lieblingspizza zusammen. Für mich muss es einfach die Extraportion Oliven sein. Auf dem Balkon unseres Hotelzimmers genießen wir am späten Abend noch einmal die laue Luft und die Aussicht auf den See, ehe wir, müde vom Tag, schnell einschlafen.

Eine sportliche Herausforderung bildet der Kletterpark am Untreusee mit 20.000 Quadratmetern Fläche. Klettertunnel, Hangelleitern und sogar zwei rasante Seilfahrten über den See machen Laune.

21

Museum Rogg-In
Goethestraße 25
95163 Weißenstadt
09253 9546224
www.rogg-in.de

Das kleine Museum
Goethestraße 15
95163 Weißenstadt
09253 954672
www.kleinesmuseum-
weissenstadt.de

DER DUFT VON FRISCHEM BROT

Museum Rogg-In

Eine knusprige Scheibe Roggenbrot – eine herrliche Kruste, dazu die weiche, duftende Krume. Kaum habe ich das Museum *Rogg-In* durch die *Schleuse des Halbwissens* betreten, spüre ich den Geschmack auf der Zunge. Der Roggen, das Getreide des Fichtelgebirges, das auf den kargen Böden so gut gedeiht, ist Thema der Ausstellung, und mit Halbwissen räumt sie schnell auf.

Kinder werden von einem »Detektiv« begleitet, der in die Geheimnisse von Getreideanbau, Nützlingen und Schädlingen und der Verarbeitung des Korns einführt. Sogar eine plüschige Feldmaus hat sich im Museum verkrochen. Als ein kleines Mädchen sie entdeckt, ist die Freude groß. Nebenbei kann der Roboter Pepper, der einen charmanten Augenaufschlag beherrscht, zum Roggen befragt werden. So erschließt sich mir endlich die Typennummer auf den Mehlpackungen, und ich erfahre, dass der Keimling des Korns nur im Vollkornmehl enthalten ist. Spaßig ist die animierte Darstellung eines Wettrennens zwischen Vollkorn- und Weißbrot. Zunächst liegt das Weißbrot vorn, weil es schneller Energie zur Verfügung stellt. Langfristig macht das Vollkornbrot das Rennen, da es die Energie länger bereitstellt. Der Ausdauersieger gewissermaßen.

Kommen wir zur Backstube – die ist im *Rogg-In* virtuell zu erleben, mit kurzen Filmen, die dokumentieren, wie das Getreide bearbeitet wird, warum der Teig geknetet werden muss und wie wichtig der Sauerteig ist. Backen ist jedoch nicht ausschließlich Handwerk, sondern auch ein wenig Poesie. Ein Gedicht von Nora Gomringer, gelesen von der Autorin selbst, macht darauf aufmerksam. Zum Abschluss kann der Besucher eine Scheibe Roggenbrot kosten – und ganz im Geschmack aufgehen. Brotmeditation, gewissermaßen.

Auch Kunst gibt unserem Leben Nahrung. Wie sie uns in unserem Werden begleitet, können Sie im *Kleinen Museum* in Weißenstadt bei unterschiedlichen Ausstellungen zu konkreter Kunst, Op-Art und mehr erleben.

22

Schneeberg
Ausgangspunkt:
Parkplatz Seehaus
an der B303 zwischen
Bischofsgrün und Tröstau
95686 Neubauer
Forst-Nord

Seehaus Fichtelgebirge
Seehaus 1
95709 Tröstau
09272 222
www.fgv-seehaus.de

AUF DEM DACH FRANKENS

Wanderung auf den Schneeberg

1.053 Meter über Normalhöhennull liegt der Gipfel des Schneebergs und ist damit quasi das Dach Frankens. Wir besteigen ihn an einem warmen Sommertag vom Parkplatz Seehaus aus und wählen die Route über den Nusshardt (972 Meter), denn die verspricht aufgrund der fantastischen Felsformationen den größten Unterhaltungswert.

Bis zum Gasthaus Seehaus führt ein bequemer Weg. Dann wird es spannend: Die Witterung hat dem Schneeberg zugesetzt und ihn in Jahrmillionen abgetragen. Geblieben sind Felsblöcke, über die und um die herum die Route uns lotst. Manche von den Riesenbrocken erinnern an schlafende Drachen, andere sind von Moosen und Flechten bewachsen, seltene Exemplare ihrer Art, wie etwa das Sudeten-Zackenmützenmoos. Der Schneeberg steht unter Naturschutz. Wanderer sind gehalten, auf den ausgewiesenen Pfaden zu bleiben, denn schnell ist das Gleichgewicht von Flora und Fauna gestört. Ein Auerhuhn läuft mir nicht vor die Kamera, obwohl der Schneeberg die seltenen Vögel noch beheimatet, aber eine Kreuzotter und etliche Schmetterlinge sind weniger scheu. Da der Schneeberg über Hunderte von Jahren bis 1996 militärisch genutzt wurde, bot das abgeriegelte Terrain vielen Tieren einen ungestörten Lebensraum.

Der wuchtige Turm auf dem Gipfel, den wir nach knapp zwei Stunden erreichen, erinnert noch an die Aufklärungstätigkeit der amerikanischen Armee. Touristisch erschlossen ist der Schneeberg nicht. Immerhin lädt das *Backöfele,* ein über einer Felsformation errichteter Aussichtsturm, ein, weit ins Land zu blicken. Mit unserem mitgebrachten Proviant lassen wir uns auf ein paar Steinen nieder. Zurück wandern wir über den Haberstein mit seiner imposanten Felsenschichtung.

Das *Seehaus* auf 922 Metern Höhe am Westhang bietet einfache Übernachtungsmöglichkeiten für Wanderer. Auf der großen Terrasse lässt es sich wunderbar speisen. Probieren Sie die hausgemachten Speckknödel!

23

Restaurant Eule
Kirchgasse 8
95444 Bayreuth
0921 95802795
www.eule-bayreuth.de

Eremitage
Eremitage 1
95448 Bayreuth
www.bayreuth-tourismus.de/sehenswertes

SIEGFRIEDS DRACHENSCHNITZEL

Restaurant Eule

Das Haus mit der auffälligen Malerei an der Fassade und seinen gemütlichen Wirtsstuben strahlt Geschichte aus. Offiziell erwähnt wurde es bereits im Jahr 1444. Natürlich war auch Richard Wagner gerne gesehener Gast in der *Eule.* Man könnte fast sagen: Ohne Wagner wäre die *Eule* eine andere. Zum Speisen lässt man sich in der Richard-Wagner-Stube oder im Cosima-Wagner-Zimmer nieder. Die Wagnerfotos an den Wänden vermitteln das Gefühl, der Meister sei gerade eben noch hier gewesen. Und im Sommer darf's ein schattiger Platz im Eulengarten sein.

Gekocht wird hauptsächlich mit regionalen Zutaten, fränkisch und deftig. Mein Favorit ist *Siegfrieds Drachenschnitzel,* ein paniertes und in Butter ausgebackenes Schnitzel, welches, begleitet von einem fränkischen Kartoffelsalat, auch den größten Hunger nach einem ausgedehnten Stadtspaziergang stillt. Dazu ein süffiges Bier aus der Mönchshofbrauerei im nahen Kulmbach, und die Gaumenfreude ist perfekt. Franken gilt als ausgewiesene Genießerregion, wozu die *Eule* einen substanziellen Beitrag leistet. Vegetarische Wünsche werden ebenfalls erfüllt, etwa mit dem Gericht »Grüner Festspielhügel«: Kartoffelpuffer, goldgelb gebraten, mit Gemüse und geschmolzenem Hirtenkäse. Für sommerliche Abende bietet sich eine »Meistersinger-Brotzeit« an: Kalter Braten, Wurst und Schinken, Steinofenbrot. Und die obligatorische Gurke fehlt auch nicht!

Leicht kommt man in der *Eule* mit anderen ins Gespräch. Bei einem Plausch regt sich dann noch ein wenig Appetit: Ich bestelle den *Goldschatz im Rhein,* Panna cotta mit Erdbeermus. Bayreuth ist eben nicht nur Musikgenuss!

Gönnen Sie sich einen Ausflug in die Eremitage am östlichen Stadtrand. In dem naturnahen Park mit seinen Kanälen, Grotten und Wasserspielen, erdacht von Markgräfin Wilhelmine, können Sie viele Stunden die Seele baumeln lassen.

24

Paint-me
Kirchplatz 7
95444 Bayreuth
0921 16396623
www.paintme-bayreuth.com

Café Kraftraum
Sophienstraße 16
95444 Bayreuth
0921 8002515
www.cafe-kraftraum.de

FARBENPRACHT FÜR ALLE

Keramikcafé *Paint-me*

Ein windiger, kalter Morgen. In den Schatten der Stadtpfarrkirche duckt sich ein buntes Refugium im Erdgeschoss des Eckhauses Kirchplatz 7: das Keramikcafé *Paint-me.* Wer Lust hat, seine Kreativität beim Bemalen von Keramik auszuleben, ist an diesem Platz willkommen.

Ich schaue mich um: Regale voller Rohlinge. Kaffeekannen, Tassen, Vasen, Seifenschalen, Kacheln. Dazu Farben, Pinsel, Schwämme und andere Malwerkzeuge. Und mittendrin Blanka und Daniel Barth, die den Besuchern mit Rat und Tat zur Seite stehen. Blanka erzählt, dass sie in ihrer Heimat Budapest gerne in ein vergleichbares Studio ging, um zur Entspannung eine Kaffeetasse zu bemalen, dabei Musik zu hören und einen Cappuccino zu trinken. Als sie nach Bayreuth kam, entwickelte sich die Idee, etwas Ähnliches aufzuziehen. Einen schöpferischen Ort zu schaffen, wo Erwachsene wie Kinder einfach loslegen können. Blanka berichtet, wie still es im Atelier wird, wenn sich nach dem Aussuchen eines Rohlings jeder mit Pinsel oder Schwämmchen ans Werk macht. Zahllos erscheinen mir die Techniken, um Tasse oder Müslischale zu gestalten. Innen opak ausgemalt, außen marmoriert; tolle Blumenranken entstehen, wenn man mit einem Stäbchen die Farbe wegkratzt. Cool sind die Blubberblasen, die sich mit Farbe, Wasser und einem Strohhalm erzeugen lassen und schließlich das Innere einer Schüssel bedecken.

Raus aus Planung und Ordnung, stattdessen Spaß am Spontanen finden und anschließend die Freude erfahren, etwas geschaffen zu haben – innere Wellness sozusagen. Dieses Loslassen, sich Einlassen auf den Prozess ist es wohl, dass viele Stammkunden immer wieder zu *Paint-me* führt. Glasieren und brennen müssen die Kunden übrigens nicht, das übernehmen die Fachleute.

Ein Bummel durch die nahe Sophienstraße mit ihren vielen Cafés und Läden bietet sich an. Im Café *Kraftraum* wartet Stärkung in Form von leckeren Tagesgerichten, alle aus regionalen Zutaten.

25

Richard-Wagner-Museum
Richard-Wagner-Straße 48
95444 Bayreuth
0921 757280
www.wagnermuseum.de

Tourist-Information
Opernstraße 22
95444 Bayreuth
0921 69001
www.bayreuth-
tourismus.de

AUF DEN SPUREN GROSSER MUSIK

Richard-Wagner-Museum

Den Mittelpunkt seines künstlerischen Schaffens im Fränkischen anzusiedeln, war nicht Richard Wagners erste Wahl. Zunächst trug er sich mit dem Gedanken, in Zürich oder Weimar ein Festspielhaus bauen zu lassen. Das prachtvolle, seinerzeit leer stehende Markgräfliche Opernhaus soll ihn jedoch so beeindruckt haben, dass er sich in Bayreuth niederließ, wo nach vielen Anfangsschwierigkeiten im Jahr 1876 die ersten Richard-Wagner-Festspiele stattfanden. Mittlerweile lockt das Musikevent jährlich Tausende Besucher in die Stadt.

Den *Bayreuther Festspielen* ist daher auch eine der drei Dauerausstellungen des Richard-Wagner-Museums gewidmet, das 2015 nach einer vollständigen Modernisierung wiedereröffnete. In einem der Neubauten werden unter anderem originale Kostüme der Aufführungen gezeigt; die Sammlung der historischen Bühnenbildmodelle ist einmalig und regt selbst die Fantasie von Besuchern an, die bisher wenig mit Wagners Musik in Berührung gekommen sind. Integraler Bestandteil des Museums ist das Haus Wahnfried, wo der Komponist mit seiner Familie von 1874 bis zu seinem Tod 1883 wohnte, arbeitete und Gäste empfing. Nicht nur die Atmosphäre der damaligen Zeit überträgt sich auf die Räume – im Untergeschoss lässt sich auch nachverfolgen, wie Wagner an seinen Kompositionen feilte, bis das fertige Werk vorlag. Eine interaktive Partitur zeigt die Rückverwandlung des Notentextes in Musik.

An einem schattigen, ruhigen Platz an der Rückseite des Hauses Wahnfried befindet sich das Grab von Richard und Cosima Wagner. Es wirkt unscheinbar – und doch meint man, ein paar leise Klänge zu hören. Vielleicht ist es aber nur der Wind, der durch die Zweige streicht.

Der mit geschwungenem »W« markierte Weg *Walk of Wagner* führt vom Haus Wahnfried an diversen Wirkungsstätten des Komponisten vorbei bis zum Festspielhaus. Infotafeln und eine Broschüre der Tourist-Info begleiten den Spaziergang.

26

Kirschenweg
Ausgangspunkt:
Kreuzung Hauptstraße/
Siemensstraße
91362 Pretzfeld
www.genussregion-
oberfranken.de

Edelbrennerei Haas
Schmiedsgasse 2
91362 Pretzfeld
09194 1256
www.destillerie-haas.com.

DIE SÜSSESTEN FRÜCHTE

Kirschenweg

Gerade die südliche Fränkische Schweiz fasziniert mit ihren lieblichen Tälern und dahinplätschernden Flüsschen. Dabei wuchert dieser Landstrich noch mit anderen Pfunden, die freilich eng mit Bodenbeschaffenheit und mildem Klima verbunden sind: mit seinem reichhaltigen Obstangebot. Bereits im 11. Jahrhundert schuf man die Grundlagen für die Veredelung der Süßkirsche; bis heute wurden Züchtung und Auslese weiterentwickelt, und die Früchte werden nicht nur zum Verzehr verkauft, sondern auch für die Erzeugung von Spirituosen und Säften verwendet. Die unzähligen Kirschbäume prägen das Bild der Gegend. Über die wohl berühmtesten Früchte der Gegend will ich mir heute einen Überblick verschaffen – ich wandere auf dem gut neun Kilometer langen Kirschenweg rund um Pretzfeld.

Ich starte oberhalb des Friedhofs, gehe gute 50 Meter die Hauptstraße entlang Richtung Nordwesten und biege dann in den von Kirschbäumen gesäumten Wanderweg ein. Passiere die Angerkapelle und steige den steilen Hang zum Waldrand hinauf. Um mich herum summen Bienen, und der Duft der Kirschblüte ist betäubend. Der gut markierte Pfad führt steil in den Wald, vorbei am Burgstall Dietrichstein, den Resten einer hochmittelalterlichen Adelsburg. An diesem Platz eröffnet sich ein atemberaubender Blick ins Tal, der – Ende April, Anfang Mai – dominiert wird von Rosé und Weiß, den blühenden Kirschbäumen eben.

Der Abstieg führt am Weißenbach mit seinen weitläufigen Sinterterrassen entlang. Für dieses Wegstück ist Trittsicherheit nötig. Ich erreiche Wannbach und folge dem Weg an der Trubach zurück nach Pretzfeld. Dieser Abschnitt ist wiederum gesäumt von blühenden Bäumen, an denen in wenigen Wochen bereits die ersten Kirschen reifen werden.

Wer die süßen Früchte nicht nur naschen will, besucht die Edelbrennerei Haas in Pretzfeld, wo neben der Kirsche etliche andere alte Obstsorten zu hochwertigen Bränden verarbeitet werden.

27

Gasthof zur Post
Talstraße 8
91349 Egloffstein
09197 555
www.gasthofzurpost-egloffstein.com

Tourist-Info
Felsenkeller 20
91349 Egloffstein
09197 202
www.trubachtal.com

HAUTE CUISINE AUF FRÄNKISCH

Gasthof zur Post

Von Pretzfeld ins nahe Egloffstein radeln wir zehn Kilometer bei mäßiger Steigung an der Trubach entlang durch die typische Landschaft der Fränkischen Schweiz: Flüsschen, Wiesen, Berge, Felshänge, blühende Kirsch- und Apfelbäume; alles recht kleinteilig und enorm malerisch. Bei prächtigem Frühlingswetter schlägt das Herz höher – und bei der Ankunft in Egloffstein wähnen wir uns ein bisschen in den Alpen. Der Luftkurort präsentiert sich derart hübsch in Hanglage mit romantischer Burg, dass wir ins Schwärmen geraten.

Unser Ziel ist der *Gasthof zur Post,* ein massiver dreistöckiger Bau mit Satteldach, direkt unterhalb der Burg Egloffstein (im 12. Jahrhundert erstmals erwähnt). Deren Bergrücken ist steil und bewaldet, am Abend fallen die Schatten lang. Nun bescheint allerdings die Mittagssonne den schmalen Vorplatz und die steinerne Treppe, die zur Terrasse mit den blauen Sonnenschirmen hinaufführt. Einladend grüßt der schlanke Postillon, der über der Eingangstür die Fassade des Gasthofes ziert. Dieser ist übrigens als Baudenkmal auf der Bayerischen Denkmalliste eingetragen. Im Innern gediegen und traditionell eingerichtet, vermittelt er vor allem das Gefühl von uriger Gemütlichkeit.

Der *Gasthof zur Post* ist weithin für seine typisch fränkische Küche bekannt ist. Daher entscheide ich mich für ein »Schäufele« (mitunter auch »Schäuferla« genannt) mit Kloß. Es handelt sich um ein Stück Schweineschulter, deren Schwarte beim fränkischen Rezept im Rohzustand zunächst kreuzweise eingeritzt wird. Nach althergebrachter Art wird mit Salz, Pfeffer und Kümmel gewürzt und das Fleisch für zwei bis drei Stunden geschmort, woraufhin es sich leicht vom Knochen lösen lässt.

Ein traumhafter Wanderweg (sechs Kilometer) führt vom Gasthof durch den Ort nach Süden und weiter am Wasserwiesenbach entlang nach Thuisbrunn, zurück auf der anderen Talseite am 30 Meter hohen Augustusfelsen vorbei. Eine Wanderkarte findet sich am Parkplatz an der Talstraße in Egloffstein.

28

Naturschutzgebiet Wengleinpark
Ausgangspunkt:
Parkplatz für
Wasserwanderer
Eschenbach 105
91224 Pommelsbrunn-Eschenbach
www.wengleinpark.de

IM REICH DER CHRISTROSEN

Naturschutzgebiet Wengleinpark

Es ist März – und immer noch Winter. Von Eschenbach aus, einem Ortsteil nördlich von Pommelsbrunn, wandern wir bergauf in den Wengleinpark. In diesem Naturschutzgebiet im Hersbrucker Land wollen wir die ersten Frühlingsboten entdecken.

1922 kaufte der Fabrikant und Naturliebhaber Carl Wenglein alte Hutangerflächen und verwandelte sie in ein mit Turm und anderen Bauwerken ausgestaltetes Vogelschutzgebiet. Mittlerweile ist der Wengleinpark eine Ökostation des *BUND Naturschutz* in Bayern.

Wir schlagen den Wengleinweg ein, einen Lehrpfad, der uns die Geheimnisse der Frankenalb nahebringen soll. Steil verläuft er am Heroldturm vorbei, der zwar wie eine mittelalterliche Ruine anmutet, aber erst von Wenglein im historisierenden Stil gebaut wurde. Angeblich saß er gerne auf dem Turm, um heimlich die Parkbesucher zu beobachten. Auf dem Weg zur Hartmannshofer Hütte hören wir einem Specht bei der Arbeit zu. Er hält kurz inne, lässt sich von unserer Anwesenheit aber nicht lange stören. Plötzlich entdecken wie eine winzige, an den Boden gedrückte pinkfarbene Blüte: Das erste Lungenkraut wagt sich ans Tageslicht! Kurz darauf steigen wir bereits über moosbewachsene Dolomitfelsen (vor Jahrmillionen Muschelbänke im Jurameer). Jetzt können auch die Christrosen nicht mehr weit sein. Und tatsächlich: Da stehen sie, selbstbewusst ihre weißen Blüten aus dem Boden reckend. Wir fühlen uns beinahe wie echte Entdecker, die zum ersten Mal den Nieswurz, wie die Christrose auch heißt, nicht im Topf, sondern in der Natur bewundern.

Nach einem ausführlichen botanischen Fotoshooting laufen wir weiter bis zum Aussichtsfelsen, von wo wir einen Blick ins Hirschbachtal werfen, bevor wir in einem weiten Bogen wieder zum Ausgangspunkt zurückkehren.

Für Kinder spannend ist der Salamanderweg, auf dem sie an regnerischen Tagen mit etwas Glück bei Tümpeln und Quellen dem gelb gefleckten Lurch begegnen können. Im Web können Rätselblätter zum Ausfüllen auf der Wanderung heruntergeladen werden (www.albsalamander.de/bildungsmaterialien).

29

Industriemuseum Lauf
(April–Anfang Januar)
Sichartstraße 5–25
91207 Lauf an der Pegnitz
09123 1844060
www.industriemuseum-lauf.de

Campo Eis
Marktplatz 35
91207 Lauf an der Pegnitz
09123 14197

ROGGENMÜHLE UND DAMPFMASCHINE

Industriemuseum

Kaum haben wir unsere Eintrittskarten entgegengenommen, flitzen zehn Kinder, jedes mit einer Gespensterpuppe in der Hand, jubelnd an uns vorbei. Sie sind auf der Suche nach dem »echten« Gespenst – dieses nämlich wird ihnen das *Industriemuseum Lauf* zeigen. Ein Spukgeist als verlässlicher Mitarbeiter, denn Museumspädagogik wird hier großgeschrieben. Für jedes Alter gibt es ein passendes Angebot. An speziell ausgewiesenen Mitmachpunkten darf sogar selbst Hand angelegt und experimentiert werden.

Das ganze Areal ist einzigartig: Vor der Laufer Altstadt direkt an der Pegnitz befinden sich 14 denkmalgeschützte Gebäude mit Originalausstattung, Teil eines einstigen Industrieviertels. Mich fasziniert besonders die historische Roggenmühle; auf mehreren Etagen sind anschaulich die Vorgänge beschrieben, wie einst aus dem Korn Kleie, Gries und Mehl gewonnen wurde. Überlaut höre ich den Fluss draußen rauschen und kann mir allzu gut vorstellen, mit welcher Kraft das mächtige Wasserrad die Maschinen antrieb. Eine Vorführung nebenan im Hammerwerk mit dem auffällig geziegelten Schlot demonstriert, wie früher geschmiedet wurde. Beeindruckend auch die originalgetreu nachgebauten Werkstätten, etwa die eines Schusters oder eines Hut- und Schirmmachers. Ein Stockwerk höher lässt sich nachempfinden, wie sich das Wohnen im Verlauf des 20. Jahrhunderts veränderte. Kommt Ihnen das bunte Geschirr aus den 50er-Jahren auch noch bekannt vor?

Absolutes Highlight des Museums allerdings ist die 120 Jahre alte und 23 Tonnen schwere Dampfmaschine, die bei Präsentationen immer wieder zum Leben erweckt wird. Keinesfalls verpassen! Die Termine sehen auf der Website.

Nach so viel Mehlstaub und Dampf können Sie bei einem Bummel in die Laufer Altstadt entspannen. Die Lebensgeister weckt ganz bestimmt ein Eiskaffee bei *Campo Eis* am Oberen Marktplatz.

30

Restaurant Zwinger Melber
Hersbrucker Straße 1,
91207 Lauf an der Pegnitz
09123 983214
www.zwinger-melber.de

Kaiserburg Lauf/ Wenzelschloss
Schlossinsel 1
91207 Lauf an der Pegnitz
09123 184284
www.lauf.de/kaiserburg

DARF'S EINE »SCHARFE INGE« SEIN?

Restaurant *Zwinger Melber*

Es ist einer dieser Tag, an denen man nicht weiß, ob die Quellwolken ihre Schleusen öffnen wollen oder nicht – also gehen wir lieber auf Nummer sicher. Nirgendwo geht das leichter als auf der überdachten Terrasse des *Zwinger Melber.* Das Restaurant mit der auffälligen Fachwerkfassade schmiegt sich malerisch an das ebenfalls sehenswerte Hersbrucker Tor, den östlichen Eingang in die Altstadt von Lauf. 1799 wurde das Haus zwischen der inneren und der äußeren Stadtmauer gebaut; dies erklärt den Namensbestandteil »Zwinger«.

Wir beschließen, dem grauen Julitag doch noch Farbe einzuhauchen und bestellen eine »Scharfe Inge«, ein Sommerdrink-Special des Hauses. Perlwein, natürlich fränkischer, mit Ingwersirup und Minze. Diese potente Mischung erfrischt und macht Appetit. Die Terrasse ist voll besetzt, eine Taufgesellschaft feiert neben uns, die Stimmung passt, alles wirkt beschwingt und heiter. In dieser Atmosphäre fällt es leicht, aus der reichhaltigen Karte etwas auszuwählen. Klassiker wie der fränkische Sauerbraten oder das »Schäuferla« gehören dazu, außerdem mehrere Speisen für Vegetarier. Als Extra ist bei vielen Gerichten ein Salat vom Büfett dabei. Eine exzellente Gelegenheit, beim Gang zur Auslage das historische Haus mit seiner rustikalen Atmosphäre auch von innen zu bewundern.

Nachdem wir unsere Waldpilze in Kräuterrahm genossen haben, kommen wir mit der Bedienung ins Gespräch und erfahren, dass das herrliche Anwesen noch bis 1970 als Bauernhof betrieben wurde, wegen der Stadtlage aber aufgegeben werden musste. Der Stammvater der Eigentümerfamilie Gräf war Mehlhändler – daher der Begriff »Melber« im Namen. Ein wunderschöner Ort, um zu genießen, finden wir.

In wenigen Minuten erreichen Sie zu Fuß das Wenzelschloss. Von 1356 bis 1360 auf der Pegnitzinsel von Kaiser Karl IV. errichtet, diente es als Rastplatz auf der Reise von Nürnberg nach Prag. Sehenswert: der Wappensaal.

Zwischen Grossstadt und Romantik

Von der Metropolregion Nürnberg ins Romantische Franken

Nürnberg ist die größte Stadt Frankens – eine einst mächtige Reichsstadt, deren beeindruckende Kaiserburg hoch über den Dächern thront. Zu ihren Füßen spielt sich das quirlige Leben in der Sebalder Altstadt ab, dem nördlichen Teil des historischen Zentrums, das zur Adventszeit den bekannten Nürnberger Christkindlesmarkt beherbergt. Südlich der Pegnitz lässt sich in der Lorenzer Altstadt nicht nur das namhafte Germanische Nationalmuseum besichtigen, sondern man kann auch Leckereien aus aller Herren Länder verkosten. Typischerweise verzehrt man in Nürnberg herzhaft mit Majoran gewürzte, zwischen sieben und neun Zentimeter lange Rostbratwürste. »Drei im Weggla« (drei Würste in einem Brötchen) können als gehaltvolle Zwischenmahlzeit gelten.

Weiter reisen wir nach Fürth. Falls Sie es einrichten können, besuchen Sie eine Vorstellung im renommierten Stadttheater. Fürth punktet zudem durch herrliches Grün und eine beachtliche Bandbreite an Cafés und Restaurants, in denen es sich schlemmen lässt. Mal fränkisch, mal international.

In Erlangen zieht es mich meist in die Schiffstraße mit ihren vielen kleinen Läden und Lokalen. Bekannt in der Szene ist der alle zwei Jahre stattfindende *Comicsalon,* das wichtigste Festival für dieses Genre sowie grafische Literatur im deutschsprachigen Raum – vielleicht genau der richtige Anlass für Sie, um endlich einmal die alte Hugenottenstadt zu besuchen!

Wir fahren eine Kurve und ein Stück nach Süden. In Cadolzburg gilt es die schöne Festung mitsamt dem malerischen historischen Zentrum zu bewundern. Schwabach wiederum glänzt an sonnigen Tagen golden in der Sonne – schließlich heißt die Gemeinde auch »die Goldschlägerstadt« und ist stolz auf diese Tradition. Ebenso selbstbewusst zeigt das beschauliche Spalt seinen wichtigsten Schatz. Dieser ist jedoch grün: der Hopfen, mit dem das in Franken (und nicht nur dort) so beliebte Bier in all seiner

Vielfalt gebraut wird. Das Museum *HopfenBierGut* führt in Geheimnisse und praktische Seiten der Braukunst ein. Vielleicht haben Sie auch Lust auf einen Braukurs?

Um glücklich machende Erholung in freier Natur zu finden, brauchen wir nun nicht mehr lange zu fahren: Das Fränkische Seenland ist von hier nur einen Katzensprung entfernt. Im Sommer das ideale Feriengebiet zum Segeln, Paddeln und Schwimmen, lohnt auch ein Besuch in den anderen Jahreszeiten. Eine Wanderung am Rothsee, während das Laub sich bereits gelb färbt und einzelne Blätter in den Wellen schaukeln, lässt Geist und Seele aufatmen.

Letztes Ziel unserer Tour ist das Romantische Franken. Ansbach mit seinem markgräflichen Charme sollten Sie nicht verpassen! Schließlich widmen wir uns noch einigen kleineren Orten. Bad Windsheim lockt Neugierige mit seinem Freilandmuseum, das reich an Schätzen der fränkischen Geschichte ist. Erholung finden Sie in der Franken-Therme, die über einen beheizten und mit vollgesättigter Sole gespeisten Salzsee verfügt. In diesem Wasser können Sie beinahe schweben! Ein kleiner Urlaub quasi am Meer bietet sich also sogar im Binnenland an.

Meine persönliche Neuentdeckung im Romantischen Franken ist übrigens die ehemalige Reichsstadt Dinkelsbühl. Die außerordentlich gut erhaltene spätmittelalterliche Kulisse vermittelt dem Besucher tatsächlich das Gefühl, nicht nur im Raum, sondern auch in der Zeit gereist zu sein. Ein Ausflug entlang der Aisch, die nicht weit von Bad Windsheim entspringt, lohnt sich vor allem für Menschen, die gerne Fisch essen. Der kleine Nebenfluss der Regnitz wimmelt von Karpfen und Weißfischen, auch Hecht, Waller und Zander ziehen ihre Bahnen.

31

Blockhelden
Boulderhalle Frankenjura
Kurt-Albrecht-Straße 1
91088 Bubenreuth
09131 9704440
https://blockhelden.de/
boulderhalle-erlangen

Biergarten
Zur Ludwigshöhe
Adlitz 12
91080 Marloffstein
09131 52929
www.adlitzer-biergarten.de

DER GESCHMACK VON FREIHEIT

Blockhelden – Boulderhalle Frankenjura

»Echt krass!« Niki, sieben, flitzt los und saust die Feuerwehrrutsche hinunter. Im Kinderbereich der weltweit größten Boulderhalle gibt es schier unendliche Möglichkeiten, sich so richtig auszutoben und dabei auch einfache »Boulder« (Kletterblöcke) auszuprobieren. Kira ist 15 Jahre alt und klettert natürlich bei den Erwachsenen mit. Was macht ihr besonders Spaß? »Dass man total fokussiert sein muss. Und es ist ein tolles Gefühl, wenn du deinen Parcours geschafft hast!«

Bouldern – das Klettern in Absprunghöhe – begeistert längst eine große Community. In Bubenreuth kommen alle auf ihre Kosten: Anfänger wie Meister, Jugendliche wie Ältere, solche, die topfit sind, und jene, die es einfach mal versuchen wollen. Auf vier Ebenen ermöglicht die gigantische Halle Klettererlebnisse vom Feinsten. Trainiert werden Körperkraft und Beweglichkeit, Kreativität im Aufspüren des idealen Parcours sowie Konzentrationsfähigkeit. Wer sich grundlegend mit den Klettertechniken vertraut machen will, kann einen Kurs belegen. Auch Einzelstunden sind möglich. Oder wollen Sie nur mal ein bisschen bouldern, ohne viel Theorie? Die ideale Voraussetzung dafür ist die kostenlose halbstündige Einführung zweimal pro Woche. Für Kinder werden extra Kurse angeboten, auch Kindergeburtstage lassen sich hervorragend in der *Boulderhalle Frankenjura* feiern.

Profis dürfen sich beim *Deep Net Soloing* erproben – damit ist das Klettern in 16 Metern Höhe gemeint, eine Herausforderung für die Psyche, wenngleich die Boulderer mit einem Netz gesichert sind. Und wer lieber festen Boden unter den Füßen hat, findet vielleicht Freude an einem Yogakurs, um die Glieder mal wieder so richtig zu dehnen und zu erfrischen.

Kaum fünf Minuten mit dem Auto von der Boulderhalle entfernt lässt es sich im Biergarten *Zur Ludwigshöhe* bei herrlichem Fernblick typisch fränkisch schmausen. Legendär sind die Wildgerichte!

Mon dieu! Das Gotteshaus mit Turm und Glocken! Unser Traum ist doch noch in Erfüllung gegangen! Aber wo ist der Brunnen?

... und hier wurde ich 1696 au

32

Erkundungstour
Tour Magique
Comic und Informationsmaterial sind erhältlich im
Stadtmuseum Erlangen
Martin-Luther-Platz 9
91054 Erlangen
09131 862300
https://stadtmuseum-erlangen.de

Stefanias Café
Schiffstraße 12
91054 Erlangen
09131 205868
https://stefaniascafe.metro.bar

ERLANGEN GANZ ZAUBERHAFT

Spaziergang durch die Hugenottenstadt

Mit Kindern die Geheimnisse der im 17. Jahrhundert für die Hugenotten geplanten Stadt erkunden – dazu hat sich das Stadtmuseum Erlangen etwas Besonderes ausgedacht: die *Tour Magique,* eine zauberhafte Erkundungstour mit Suchspiel durch Erlangen. Der gleichnamige Comic von Ute Freißler, Rainer Wattenbach und Christine Brehm erzählt von der zwölfjährigen Lisa aus der Gegenwart und dem 13-jährigen Jacques aus der Epoche um 1700, der mit seinem Vogel Pic eine Zeitreise ins Heute angetreten hat. Eigentlich ist Jacques eine steinerne Figur am Hugenottenbrunnen im Schlossgarten, die sich sehr zu Lisas Überraschung als höchst lebendig erweist.

Wir erwerben im Stadtmuseum das Spiralbuch mit der Comicgeschichte, das neben vielen Informationen und hinreißend illustrierten Bildern einen Stadtplan, Rätsel und natürlich deren Auflösung enthält. Nun sind wir bereit für unsere Expedition mit Lisa und Jacques. Wir erfahren, warum der Architekt Johann Moritz Richter im Auftrag des Markgrafen Christian Ernst Erlangen symmetrisch angelegt hat, weshalb die Hugenotten hierherkamen, und wir entdecken Details im Stadtbild, die auf den ersten Blick nicht auffallen. Den Ausleger in der Gestalt des alten, einst sechsstöckigen Wasserturms etwa, der die Springbrunnen im Schlossgarten und die Wasserspiele in der Orangerie speiste. Auch die Tatsache, dass Strümpfe, die heute selbstverständlich zu unserer Kleidung gehören, zu Jacques' Zeit noch etwas Besonderes waren, überrascht. In Erlangen stellten die Hugenotten, als talentierte Handwerker bekannt, unter anderem Strümpfe her. Zu Beginn des 18. Jahrhunderts fungierte jedes zweite oder dritte Gebäude als Strumpfwirkerhaus. Viel zu schnell sind wir am Ende der *Tour Magique* angekommen, und Jacques verschwindet wie von Geisterhand.

Italienischer Kaffeegenuss – wem danach der Sinn steht, kommt in *Stefanias Café* auf seine Kosten, und auch die Weine beleben, drinnen oder draußen genossen, nach einer anstrengenden Tour.

33

Walderlebniszentrum Tennenlohe (WEZ)
Weinstraße 100
91058 Erlangen
0911 997152100
www.aelf-fu.bayern.de

Urwildpferde-Gehege
Parkplatz Turmberg
91058 Erlangen/
Forst Tennenlohe

MAL SCHAUEN, WAS DER WALD MACHT

Walderlebniszentrum Tennenlohe

Der Wald macht halt sein Ding. So denken wohl die meisten Spaziergänger und Wanderer, wenn sie ein Forstgebiet durchstreifen. Doch was sich hinter der Baumrinde tut, im Boden, hoch oben in den Wipfeln, entzieht sich unserer Beobachtung. Zeit also, diese Wissenslücke zu füllen. Deshalb besuche ich heute das Walderlebniszentrum Tennenlohe.

Wie ein Fort sind ein knappes Dutzend Themenhäuser entlang einer »Hauptstraße« angeordnet, natürlich im Wald; vom Parkplatz führt ein kurzer Weg dorthin. Gleich links, im ersten Haus, werde ich in die Geschichte der Forstkultur in Franken eingeführt: Dem Nürnberger Rats- und Handelsherrn Peter Stromeir gelang es im 14. Jahrhundert, durch gezieltes Aussäen dem Rückgang der Baumbestände entgegenzuwirken, der durch den damaligen Holzhunger der Wirtschaftsbetriebe verursacht worden war. Dass der Wald auch heute an vielen Stellen die Hilfe des Menschen braucht, zeigt das Erlebniszentrum in Ausstellungen und Veranstaltungen rund ums Jahr.

Mir persönlich hat es das *Waldlabor* angetan: In diesem Haus steht eine Experimentierwerkstatt mit Arbeitstischen, Lupen, Sieben und weiteren Tools für junge Forscher bereit. Unter Anleitung können knifflige Waldrätsel gelöst werden: Wie alt ist dieser Baum geworden? Was verraten uns Rinde und andere Details über die Gesundheit der Bäume? Woran zeigt sich der Klimawandel? Im *Haus der Tiere* mit gut 80 Präparaten heimischer Waldbewohner darf ebenfalls gestaunt und gerätselt werden: Kaum zu glauben, wie gut der Habicht sich in den Ästen versteckt! Und zu welchem Tier passt welche Stimme? Echten Tieren und ihren (verborgenen) Spuren begegnen aufmerksame Besucher bei einem Spaziergang rund um das Zentrum auf dem Naturerlebnispfad.

Eine circa einstündige Wanderung vom Walderlebniszentrum durch den Tennenloher Forst führt zum Gehege einer Herde von Urwildpferden, die im Naturschutzgebiet umherziehen und auf natürliche Weise die Landschaft pflegen.

34

Veitskirche
St.-Veit-Weg 2
90587 Veitsbronn
0911 97794030
www.veitsbronn-evangelisch.de/veitskirche

Veitsbad
Am Bad 1
90587 Veitsbronn
01511 8902600
https://vg-veitsbronn-seukendorf.de

HEILQUELLE UND KUNSTGENUSS

Veitskirche

Wasser plätschert. Der Tag ist heiß, das sanfte Geräusch verschafft Abkühlung. Mit dem Wasser dieser Quelle, genannt Veitsbrunnen, soll der Heilige Veit, Patron der hiesigen Kirche, Augenleiden geheilt haben. Klar also, wo der Name des im Jahr 1350 erstmals urkundlich erwähnten Orts herrührt.

Vom Brunnen führen 107 Stufen hinauf zur Veitskirche. Sie entstand in der zweiten Hälfte des 14. Jahrhunderts und wurde zur Wehrkirche ausgebaut. Trutzig thront sie hoch über dem Ort, ein kleiner, von einer Wehrmauer umgebener Friedhof umschließt sie. Die Stille tut gut. Auffallend viele Rosenbüsche blühen, es duftet nach Sommer. Bienen summen eifrig.

Zu ihrer Entstehungszeit gehörte die Veitskirche als Filiale zur Pfarrei St. Magdalena im circa zehn Kilometer entfernten Herzogenaurach; Patronatsherrin war die Äbtissin des Benediktinerinnenkloster Kitzingen. Seit 1529 ist das Gotteshaus evangelisch-lutherisch, blieb aber katholischen Wallfahrern offen.

In der Westvorhalle springt der aus rötlichem Sandstein gefertigte Taufstein ins Auge. Besonders schön zeigt sich der reich bemalte Marienaltar. Mir gefällt vor allem die farbenfrohe Pfingstdarstellung auf dem geöffneten Altar links unten. Auch der Barbaraaltar strahlt in Gold und viel Blau. Erkennungsmerkmal der Heiligen Barbara sind Kelch und Turm. Das Bildnis erinnert uns an einen Merksatz, den Gläubige in Franken oft aufsagen können und der auf die Attribute der drei im ausgehenden Mittelalter beliebten heiligen Frauen verweist: »Margarete mit dem Wurm, Barbara mit dem Turm, Katharina mit dem Radl, das sind die drei heiligen Madl.« Katharina und Barbara umrahmen auch den Heiligen Veit auf dem Veitsaltar an der Nordseite.

Abkühlung tut Not? Planen Sie einen Besuch im Veitsbad ein. Liegewiese, Beachvolleyballfeld und Strömungskanal warten. Und auch Langstreckenschwimmer kommen im 50-Meter-Becken auf ihre Kosten.

35

Stadtspaziergang Cadolzburg
Ausgangspunkt:
Café Feingemacht
Marktplatz 2
90556 Cadolzburg
09103 7099826

Burg Cadolzburg
Burghof 3
90556 Cadolzburg
09103 7008621
www.burg-cadolzburg.de
www.cadolzburger-burgfestspiele.de

GESCHICHTE GENIESSEN

Markt und Burg Cadolzburg

Aus dem Großraum Nürnberg radelt es sich bequem ins kleine Cadolzburg. Weil die Topografie des Städtchens erhebliche Höhenunterschiede aufzuweisen hat, ist ein E-Bike eine echte Hilfe. Pluspunkt: In Cadolzburg gibt es etliche Ladestationen für Radler mit elektrischer Unterstützung, beispielsweise beim Rathaus.

Dort wären Sie auch schon mittendrin in der mittelalterlichen Beschaulichkeit – nämlich am Marktplatz mit seinen schönen historischen Häusern. Wer vor der Besichtigung dringend ein wenig Anregung braucht, kann sich im Café *Feingemacht* niederlassen, bei schönem Wetter draußen, und dem gemächlichen Treiben zusehen. Anschließend haben Sie bestimmt genug Energie für die Besichtigung der Burg getankt!

Im 12. Jahrhundert erstmals urkundlich erwähnt, kam die Festung etwa 100 Jahre später in den Besitz der Hohenzollern. Das heutige Museum bietet den Besuchern eine Zeitreise ins Mittelalter – auf vier Etagen können sie das damalige Burgleben nachempfinden. Mich hat vor allem die Küche beeindruckt: Die mächtige Kochstelle lässt mich glauben, appetitliche Düfte zu schnuppern. Was im Mittelalter auf den Teller kam, beschreiben Kochrezepte aus alter Zeit. Wer kulinarisch noch weiter einsteigen will, dem sei die Besichtigung des kleinen, hübsch ummauerten Burggartens ans Herz gelegt. Dort wachsen historische Getreidearten, und der Blick über die gesamte Anlage ist einfach wunderschön. Wie jede anständige Burg braucht auch die hiesige einen Spuk: Gefunden hat sie ihn in der Gestalt des »Grehiedl« (ein Mann mit einem grünen Hut). Einst ein hartherziger Henkersknecht, geistert er heute ruhelos zwischen den alten Mauern umher.

Bei den *Cadolzburger Burgfestspielen* im Sommer lässt sich die Atmosphäre während eines Theaterstücks oder Musicals genießen – hinter der Bühne dient die Südflanke der Festung als zusätzliche Kulisse.

86

Café-Restaurant
The Grounds of Hope
Nürnberger Straße 2
90762 Fürth
0911 81675662
https://groundsofhope.de

Fürther Markt
Fürther Freiheit
90762 Fürth

KÖSTLICHE HOFFNUNG

Café-Restaurant *The Grounds of Hope*

Fürth bietet einige Gründe, die Hoffnung nicht sausen zu lassen. Mich begeistert die pure Vielfalt an eigenständigen Cafés und Restaurants in dieser Stadt. Wer die internationalen Ketten mit dem immer gleichen Gastro-Angebot hinter sich lassen will, ist an diesem Ort genau richtig. Bei einem Bummel durch die Innenstadt rund um die Fürther Freiheit finden sich etliche Möglichkeiten, kreative Köstlichkeiten zu probieren, eine Pause einzulegen, zu genießen. Im *Hope*, gelegen im Parterre eines eindrucksvollen Gründerzeithauses, passt die Stimmung, ein junges Team verwöhnt den Gast, denkt sich immer wieder neue Kreationen mit frischen, möglichst regionalen Zutaten aus, verbreitet gute Laune. Auch Kinder sind herzlich willkommen!

Zu Beginn meiner heutigen Tour soll es ein nahrhaftes Frühstück sein. Und natürlich Kaffee. Kaum habe ich den Gastraum betreten, werde ich schon mit einem herzlichen Lächeln begrüßt. Der Blick in die Speisekarte braucht seine Zeit. Da schwingt viel französischer Esprit mit; das Frühstück »La vie en rose« lockt mit Croissant, geräuchertem Lachs und pochiertem Ei. Am Nachbartisch macht sich ein junger Mann über eine karamellisierte Banane her. Ich möchte wetten, dass sie mit Crème brûlée kombiniert wurde. Auch lilafarbene Pfannkuchen aus dem Superfood »lila Taro« sind im Angebot.

Da Fernweh eine meiner Schwächen ist, entscheide ich mich für die Frühstücksversion »Once in America«. Pancakes mit Ahornsirup und Roten Beeren, dazu Spiegelei und Bacon – diese gehaltvolle Mischung sollte mich tatsächlich durch den Tag bringen. Alles in allem gute Gründe zu hoffen.

Eine Minute Fußweg vom *Hope* entfernt liegt die Fürther Freiheit – der Platz zwischen Grünanlage und Geschäften beherbergt den Fürther Markt, an dem Leckereien aller Art verkostet und eingekauft werden können.

Stadttheater Fürth
Königstraße 116
90762 Fürth
0911 9742410
www.stadttheater.de

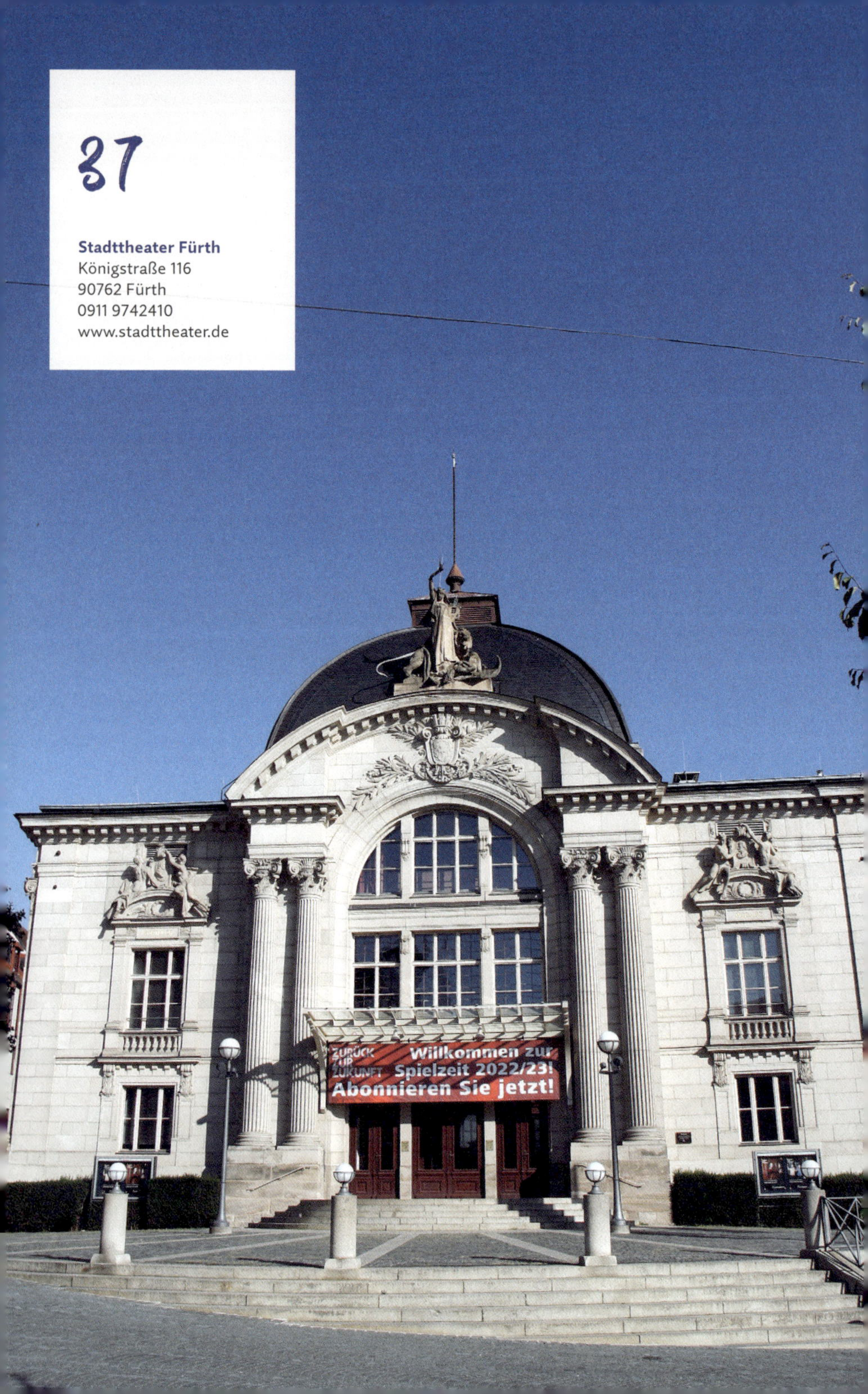

FÜRTHS PRÄCHTIGSTER BAU

Stadttheater

Waren Sie schon einmal in Czernowitz in der Ukraine? Dann glauben Sie vielleicht, einer optischen Täuschung aufzusitzen, wenn Sie vor dem Fürther Stadttheater stehen und die prächtige Fassade betrachten. Denn tatsächlich existiert dieser Prachtbau zweimal in Europa – in Czernowitz und hier, in Fürth. Eine Zwillingsgeburt also?

Nicht ganz. Um das Jahr 1900 wurden die Wiener Architekten Fellner und Helmer von den Czernowitzern (damals noch zu Österreich-Ungarn gehörend) beauftragt, ein Schauspielhaus zu bauen. Geldprobleme verzögerten die Planung. Als Fürth, dessen bisheriger Musentempel zu klein geworden war, ebenfalls bei den Baumeistern anfragte, legten diese kurzerhand die Entwürfe für das Czernowitzer Theater vor – und erhielten den Zuschlag. 1902 stand das Bühnenhaus in Fürth bereits. Übrigens war es das erste Gebäude der Stadt mit elektrischer Stromversorgung! Einige Jahre später meldete sich Czernowitz noch einmal bei Fellner und Helmer und bekam dann auch sein Theater – baugleich!

An der neubarocken Außengestaltung sticht zuerst die Frauenstatue im Giebel ins Auge. Rechts und links vom großen Portalbogen findet sich je ein Bildmedaillon von Schiller sowie eines von Mozart – ein Hinweis auf die Charakteristika des Musik- und Sprechtheaters, die sich auch im Innern wiederholen, etwa bei den Maskendarstellungen in den Treppenhäusern, die von Schriften und Musikinstrumenten ergänzt werden. Kein Zweifel – an diesem Platz hat man Fürths prächtigstes Gebäude vor sich.

Auf dem Spielplan stehen Musicals genauso wie Tanztheater oder Schauspiel. Die üppige Neurokoko-Ausstattung des Zuschauerraums mit den weit geschwungenen Rängen und breiten Logen verleiht der Vorstellung zusätzlichen Glanz.

Kinder und Jugendliche sind willkommen! Sei es bei einer Produktion für junges Publikum oder im *Theater Kids Club Fürth*, wo Neun- bis 15-Jährige improvisieren und spielen lernen können.

38

Klein aber fein
Deutsch-georgisches-
Ladencafé
Bäumenstraße 6
90762 Fürth
0177 3564653

Kriminalmuseum Fürth
Brandenburger-/Ludwig-
Erhard-Straße
90762 Fürth
0911 2395870
www.kriminalmuseum-
fuerth.de

Ein Stück Kaukasus in Franken

Deutsch-georgisches Ladencafé *Klein aber fein*

Beim Umherschlendern im Fürther Michaelisviertel entdecke ich ein vielversprechendes Schaufenster. Weine, Bücher und Buntes sind zu sehen. Außerdem ein Leuchtkasten, auf dem »Tbilisi loves you« steht. Schon bin ich eingetreten. Zwei Tische, hübsch dekoriert, und eine schmale Treppe, die in den nächsten Raum führt. In der Küche dahinter wird gerade ein Mokka gebrüht, der Duft zieht mir gleich in die Nase.

Im Nu mache ich mich mit Nadine Rehfeld bekannt, die dieses charmante Ladencafé ins Leben gerufen hat. Sie ist begeistert von Georgien, dem kleinen Land im Kaukasus, und will es ihren Gästen in Fürth näherbringen. Dazu eignet sich natürlich Essen und Trinken besonders, eine gute Mahlzeit kann schließlich jeden von uns glücklich machen. Deshalb hat sie in Georgien gelernt, die landestypischen Gerichte zu kochen, etwa »Chinkali«, mit Hackfleisch gefüllte Teigtaschen, oder »Chatschapuri«, ein mit Käse gefülltes Fladenbrot. Hinzu kommen Dips und Soßen, wie sie in Georgien oft auf dem Tisch stehen. Diese kann man auch im Glas kaufen, um selbst zu Hause in der Küche zu experimentieren. Gruppen bis 16 Personen können vorab ein Dinner reservieren, bei dem sich etliche schmackhafte Speisen genießen lassen, dazu georgische Musik und unbedingt ein Gläschen Wein.

Da Georgien die Wiege der Weinkultur ist – die Kunst des Weinmachens reicht um die 7.000 Jahre zurück – kann man im *Klein aber fein* auch edle Tropfen kaufen. Die Auswahl an hervorragenden georgischen Produkten ist groß. Ich wähle zum Abschied eine Flasche Mukuzani, einen trockenen Roten, gekeltert aus der Saperavi-Traube im sonnigen Kachetien, Ostgeorgien. Und komme mir vor, als wäre ich für eine Stunde ganz weit gereist.

Nur ein paar Gehminuten entfernt befindet sich das Kriminalmuseum: Tauchen Sie in 200 Jahre Kriminal- und Stadtgeschichte ein, und vertiefen Sie sich in spannende forensische Szenarien.

39

Flughafen Nürnberg
Flughafenstraße 100
90411 Nürnberg
0911 9370
www.airport-nuernberg.de

Indoor- und Outdoor-Spielplatz Tucherland
Marienbergstraße 102
90411 Nürnberg
0911 2399999
www.tucherland.de

FÜR »FERNWEHGEEKS«

Albrecht-Dürer-Flughafen

Nürnberg, das urbane Zentrum Frankens, besitzt neben vielen Vorzügen auch einen Flughafen. Und ehrlich: Wollen wir nicht alle mal auf und davon? Mir jedenfalls geht es so. Ein unter blauem Himmel dahinziehender Jet macht mich fertig. Weil es mit dem Verreisen aber bisweilen so eine Sache ist – teuer, zeitintensiv –, haben Luftfahrtfreunde und Fernwehmenschen die Möglichkeit, sich auf der Besucherterrasse niederzulassen und von dort aus das Treiben auf dem Vorfeld genauer zu beobachten.

Ohne Zeitdruck, mit einem Latte macchiato oder einem Bier in der Hand, schaut man von hier ganz entspannt den Starts und Landungen zu. Mit einem Fernglas gerüstet erspähen Sie das nächste einfliegende Flugzeug bestimmt als Erster! Und die Abfertigung der Maschinen samt Betanken, Beladen und Boarding, spielt sich direkt vor Ihren Augen ab.

Beinahe noch näher dran am Flug-Feeling sind Sie jedoch, wenn Sie am westlichen oder östlichen Kopf der 2.700 Meter langen Runway auf die Flugzeuge warten. Wir haben es uns heute auf der Buchenbühler Höhe im Osten des Airports gemütlich gemacht. Der Hügel liegt nah am Wald, zwei robuste Picknicktische mit Bänken laden zum Verweilen ein. Ideal, dass der Blick von dieser Anhöhe über den gesamten Flughafen samt Startbahn und Terminal bis zum Tower gleitet. Zwei Hobbyfotografen haben sich auch schon erwartungsfroh niedergelassen. Während wir Tee und Käsebrot genießen, Hundefreunde ihre Vierbeiner ausführen und mancher Jogger seine Runde dreht, sehen wir eine Turkish-Airlines-Maschine mit ihrem roten Leitwerk zur Startbahn rollen. Pünktlich um 10.55 Uhr hebt sie ab und donnert über unsere Köpfe hinweg. Jetzt würden wir wirklich gerne mitfliegen!

Unweit des Flughafens im *Tucherland* können große und kleine Kinder auf einem 3.800 Quadratmeter großen Areal drinnen und draußen toben, spielen, klettern, hüpfen, Trampolin springen und vieles mehr.

40

Kaiserburg
Burgverwaltung
Auf der Burg 17
90403 Nürnberg
0911 2446590
www.kaiserburg-nuernberg.de

Historischer Kunstbunker
Obere Schmiedgasse 52
90403 Nürnberg
www.felsengaenge-nuernberg.de

DAS WAHRZEICHEN FRANKENS

Kaiserburg

Sie ist Wahrzeichen der Region und weithin sichtbar – die Kaiserburg auf ihrem Sandsteinbuckel oberhalb der Sebalder Altstadt in Nürnberg. Eigentlich eine Doppelburg aus Kaiser- und Burggrafenburg ziert sie unter anderem das Logo der Stadt. Vor allem der 41 Meter hohe runde Sinwellturm im Osten des Vorhofes ist von vielen Orten in der Stadt zu sehen, ragt er doch prominent über die Dächer empor.

Ab dem Jahr 1105 taucht die Wehranlage in Urkunden und Quellen auf. Wie bei Burgen üblich, weckte sie Begehrlichkeiten, wurde viele Male erobert, attackiert, verteidigt, (zwangsweise) übergeben und schließlich im Zweiten Weltkrieg massiv beschädigt. Alle diese Spuren werden bei einem Rundgang mit allen Sinnen erlebbar. Der Rittersaal beispielsweise sieht heute noch so aus wie im Jahr 1471, als Kaiser Friedrich III. die Burg besuchte. Lange Zeit diente sie als Kaiserpfalz und damit als (vorübergehender) Regierungssitz und Gerichtsstätte. Eine Dauerausstellung legt dar, wie das einstige Kaiserreich funktionierte, und macht die Blütezeit Nürnbergs vom Mittelalter bis ins 19. Jahrhundert deutlich.

Im 17. Jahrhundert richtete der Astronom Georg Christoph Eimmart an Ort und Stelle ein Observatorium ein, das bis Mitte des 18. Jahrhunderts bestand. Messinstrumente und Aufzeichnungen dieser Zeit sowie Waffen, Rüstungen und weitere Exponate können Besucher im Kaiserburg-Museum in der Kemenate besichtigen. Die zum *Germanischen Nationalmuseum Nürnberg* gehörende Ausstellung bietet spezielle Kinderführungen, bei denen junge Gäste etwa eine Entdeckungstour in die unterirdischen Gänge der Wehranlage unternehmen oder das Kettenhemd eines Ritters anprobieren können.

Eine Führung durch den Historischen Kunstbunker, der mit Anschluss an die Felsengänge unter der Burg zum Schutz von Kunstwerken angelegt wurde, lässt Besucher die jüngere Vergangenheit Nürnbergs erleben.

41

Bratwurst Röslein
Rathausplatz 6
90402 Nürnberg
0911 214860
www.bratwurst-roeslein.de

Stadtmuseum im Fembo-Haus
Burgstraße 15
90403 Nürnberg
0911 231 2595
https://museen.nuernberg.de/fembohaus

MIT WÜRZIGER MAJORANNOTE

Restaurant *Bratwurst Röslein*

Die fränkische Metropole Nürnberg steht für vieles: Handel, Industrie (die erste Eisenbahn fuhr zwischen Nürnberg und Fürth), Handwerk, Kunst – und für die Bratwurst. Als *die* klassische Speise der Region gilt sie, viele Bezeichnungen sind gesetzlich geschützt, unter anderem die »Original Nürnberger Rostbratwurst«. Also muss sie wichtig sein, die Bratwurst. In Nürnberg besteht des Frankens liebstes Gericht aus Schweinefleisch mittelgrober Körnung ohne Brätanteil. Kenner schwärmen von der typischen Majorannote. Die Länge der Würste beträgt zwischen sieben und neun Zentimetern, gebraten werden sie über Buchenholz. Manche bevorzugen die im Essigsud gekochte Version, die sich »Blauer Zipfel« nennt.

Wir verkosten den schmackhaften Klassiker an einem kühlen Tag in einer typischen Nürnberger Wurstküche: bei *Bratwurst Röslein* am Hauptmarkt. Die Tradition der Gastwirtschaft geht auf das Jahr 1431 zurück, als die *Schenke Waizenstüblein* erstmals erwähnt wurde. Diese ist inzwischen ein Bestandteil der Röslein'schen Räumlichkeiten. 1480 taucht in Quellen die Rostbratküche *Zu den drei Rosen* auf – und diese besteht bis heute, seit 1906 unter dem Namen *Bratwurst Röslein.*

Im großen Gastraum tobt zur Mittagszeit das pralle Leben, Kellner eilen hin und her, die Fenster sind beschlagen, Gesprächsfetzen und Gelächter irrlichtern durch den urigen Schankraum. Die kleinste Bratwurst-Portion besteht aus sechs Stück, die sind erforderlich, um satt zu werden. Kenner, so insinuiert die Speisekarte, würden schon mal 20 Stück bestellen. Traditionell wird dazu Fasskraut serviert. Wir nehmen stattdessen einen bunten Salat. Grünes und Gemüse stammt von Landwirten aus dem »Knoblauchsland« zwischen Erlangen, Fürth und Nürnberg.

Spazieren Sie zum prächtigen Fembo-Haus, dem einzigen erhaltenen Nürnberger Kaufmannshaus der Spätrenaissance. Es beherbergt das Stadtmuseum Nürnberg und dessen wechselnde Ausstellungen.

Nürnberger Henkerhaus Geschichte für alle e.V.
Trödelmarkt 58
90403 Nürnberg
0911 307360
www.henkerhaus-nuernberg.de

Lebzelterei Art & Delikat
Trödelmarkt 45
90403 Nürnberg
09158 928390
www.artunddelikat.com

AUS DEM NEBEL DER GESCHICHTE

Museum Henkerhaus

Der Spätherbst gibt sein Bestes: Nebel steigt von den Pegnitzarmen auf, als ich, vom Unschlittplatz kommend, die Maxbrücke überquere. Von hier aus habe ich einen hervorragenden Blick auf ein einzigartiges Zeugnis der Nürnberger Geschichte, das sich aus dem morgendlichen Dunst schält, während die Sonne bereits ein paar freundliche Lichtpunkte im gelben Laub der Bäume aufblitzen lässt.

Vor mir liegt das Henkerhaus, Wohnstatt der Scharfrichter in Nürnberg vom Mittelalter bis ins Jahr 1806. Architektonisch geradezu malerisch, ein weiß gekalkter Wehrgang mit winzigen Fenstern, der an den sogenannten Henkerturm anschließt. Heute beherbergt diese spezielle Liegenschaft ein Museum, das tief in die Kriminalgeschichte Nürnbergs entführt. Als Quelle für die zusammengetragenen Darstellungen nutzte der Träger, der Verein *Geschichte für alle*, das Tagebuch des Henkers Franz Schmidt aus der Zeit um 1600. Der Nürnberger Scharfrichter notierte darin, welcher Taten sich die Gesetzesbrecher schuldig gemacht hatten, und welche Strafen er vollstreckte. Er schildert außerdem, dass er die Delinquenten, denen er eine Hand oder einen Finger abtrennen musste, anschließend mit Wundpäckchen zu versorgen hatte.

Franz Schmidt fungierte etwa 40 Jahre lang als Henker und lebte mit seiner Familie in ebendiesem Haus, das ihm als Dienstwohnung zugewiesen war. Der Originalschauplatz trägt viel dazu bei, dass man sich beim Besuch des Henkerhauses sofort in alte Zeiten versetzt fühlt. Interessant sind die zusätzlichen Informationen zum mittelalterlichen und frühneuzeitlichen Rechtssystem, das heute grausam erscheint, durch die kompetente Präsentation jedoch anschaulich in den Zeitkontext eingefügt wird.

Mein Lieblingsplatz zum Entspannen mitten in der Stadt ist der nahe Unschlittplatz mit seinen Fachwerkhäusern und Bänken unter den Platanen. Versorgen Sie sich zuvor bei der Lebzelterei *Art & Delikat* mit fränkischen Leckereien!

Opernhaus Nürnberg
Richard-Wagner-Platz 2–10
90443 Nürnberg
0180 1344276
www.staatstheater-nuernberg.de

Geisterwege Erlebnistouren und Erzählkunst Marco Kirchner
Ausgangspunkt:
Hauptmarkt 18
90403 Nürnberg
www.geisterwege.de

DAS PRALLE LEBEN

Opernhaus

Auf der Bühne brodelt das Leben. Gerade schmettert Escamillo, der Stierkämpfer, seine berühmte Arie *Auf in den Kampf, Torero!*. Wir sind im zweiten Akt von *Carmen* und völlig versunken in die Farbenpracht der Bühne, das Tosen der Musik und das Drama um Liebe und Eifersucht, das sich vor unseren Augen und Ohren entfaltet. Zur Pause treten wir mit einem Glas Secco auf den Balkon auf der Ostseite der Nürnberger Oper und lassen uns den lauen Frühlingswind um die Nase wehen. Das Gespräch der Gruppe neben uns dreht sich um die unterschiedlichen Auffassungen von Männern und Frauen in Sachen Liebe. Ein Opernabend führt offenbar zu den entscheidenden Fragen des Lebens.

Bevor wir zurück zu unseren Plätzen gehen, genießen wir die festliche Atmosphäre. Vom üppigen Jugendstil, der einst die Innenausstattung des Opernhauses zierte, ist nach der Umgestaltung in nationalsozialistischer Zeit und der Zerstörung im Zweiten Weltkrieg leider nichts geblieben. Nach 1945 stellte man das Interieur in schlichter Ausstattung wieder her. Dennoch ist etwa der als Erfrischungsraum genutzte Gluck-Saal mit seinen sachlich-kühlen Bodenfliesen und den wuchtigen Kronleuchtern durchaus sehenswert.

Außen jedoch wurde das Nürnberger Opernhaus originalgetreu wieder aufgebaut. Besonders detailreich ausgestattet ist die Ostfassade, an der der Haupteingang liegt. Hier kann man sich nicht sattsehen am reichen Figurenschmuck aus der nordischen Sagenwelt. Besonders sticht das Mosaik *Die drei Nornen unter der Weltenesche* hervor. Oben am Giebel, über dem Stadtwappen, haben sich Noris, der Lustige Rat und der Meistersinger zusammengefunden. Ein Besuch dieses Hauses bietet wahrlich Kunst für jeden Sinn.

Die *Geisterwege,* Erlebnistouren mit dem Erzählkünstler Marco Kirchner, führen auf spannende, teils mörderische Pfade durch Nürnbergs Geschichte. Mit Fackelschein und ordentlich Gänsehaut.

44

Brückkanal Feucht
Ausgangspunkt:
Waldschänke Brückkanal
Am Brückkanal 3
90537 Feucht
09128 4326
www.brueckkanal.com/de

Gewagte Bautechnik

Brückkanal Feucht

Es ist ein wenig kurios: Ein Kanal, der *über* einen Fluss führt? Was für einen Laien schwer vorstellbar ist, war für die Ingenieure, die Mitte des 19. Jahrhunderts den Ludwig-Donau-Main-Kanal (auch: Alten Kanal) errichteten, eine kluge bautechnische Lösung. Der Kanal musste, um treidelbar zu sein, in über 17 Metern Höhe über die schmale Schwarzachschlucht verlaufen. Mehrere technische Tricks waren nötig, um eine derartig ausgeklügelte Wasserstraße zu realisieren.

Die gewaltige Bogenkonstruktion bei Feucht ist hervorragend erhalten – obwohl dort heute nicht mehr geschifft wird. Interessehalber steige ich hinunter in die Schlucht und wage einen Blick hinauf. Die Sandsteinquader überspannen das Tal Ehrfurcht gebietend mit einer Spannweite von 14,6 Metern. Ein Fuß- und Fahrradweg führt am Kanal entlang, der die Donau bei Kehlheim mit dem Main bei Bamberg verbindet. Auch die alten Schleusen samt dazugehörigen Schleusenwärterhäusern sind noch zu sehen. Eine stille, selbstvergessene Wasserwelt. Ein 2,5 Kilometer langer Spaziergang führt bis zur Schleuse 52, wo der Rückweg über die Brücke zum anderen Ufer und zum Startpunkt möglich ist. Wer es lieber etwas abenteuerlich mag, wandert entlang der Schwarzach nach Osten durch die Klamm – welche übrigens zu Bayerns schönsten Geotopen zählt. Mehrere vom Flusswasser aus dem Burgsandstein ausgewaschene Höhlen sind zu bestaunen, wobei die Karlshöhle und die Gustav-Adolf-Höhle die größten sind. Letztere verdankt ihren Namen dem Schwedenkönig, der im Jahr 1632 ein Gefecht in der Gegend für sich entscheiden konnte. Die Wanderung führt bis Schwarzenbruck, wo die Schwarzach überquert wird und der südliche Weg zurück zum Ausgangspunkt führt.

Die *Waldschänke Brückkanal* mit ihrem schattigen Biergarten ist der ideale Ausgangs- und Endpunkt für Wandergesellen. Zur Brotzeit darf es gerne ein »Seidla« (halber Liter) Landwehr-Bier sein, ungespundet, fränkisch eben.

45

Erkundungstour Schwabach
Ausgangspunkt:
Stadtkirche St. Johannes und St. Martin
Martin-Luther-Platz 2
91126 Schwabach

Stadtmuseum Schwabach
Museumsstraße 1
Besuchereingang:
Dr.-Haas-Straße
91126 Schwabach
09122 860600
www.schwabach.de/de/kulturportal-stadtmuseum

ALLES, WAS GLÄNZT

Erkundungstour durch die Goldschlägerstadt

Ein Montagvormittag im Spätsommer. Ich schlendere durch Schwabach. Vor der Stadtkirche St. Johannes und St. Martin stehen zwei Marktstände, prächtig leuchten Früchte und Blumen in der Morgensonne. Ein Hund schnüffelt an einem E-Roller. Eine junge Frau sitzt mit einem Kaffeebecher auf einer Bank. Auffallend viel gepflegter Blumenschmuck erfreut das Auge. Hie und da bleiben Passanten stehen, finden Zeit für ein Gespräch. Fast wirkt die Szene ein wenig ländlich.

Doch ein Blick auf die goldenen Erkertürmchen des Rathauses macht deutlich: Schwabach kennt sich aus mit Dingen von Wert. Als »die Goldschlägerstadt« lieferte der Ort unter anderem das Blattgold für die Kuppel des Pariser Invalidendoms und die Goldelse auf der Berliner Siegessäule. Dass die Goldschläger ab dem 16. Jahrhundert aufgrund der rigiden Nürnberger Handwerksordnung nach Schwabach abwanderten, führte zur Blüte dieses Handwerks in der Stadt. Heute existieren noch zwei Werkstätten.

Wie genau das mit dem Blattgold und dem Goldschlagen funktioniert, lässt sich im Stadtmuseum in der sogenannten *Goldbox* erkunden. Während einer Vorführung erleben Besucher in 90 Minuten live die Herstellung von Blattgold – vom Legieren über das Schmelzen und Gießen bis zum Pressen und Schlagen. Wer weniger Zeit mitbringt, der erhält einen kleinen Eindruck von der Blattgoldproduktion in der *Goldschläger Schauwerkstatt* in der Höllgasse.

Ich spaziere über die Bachgasse und den Spitalberg zurück in die Königsstraße, wo ich mir in *Xaver's Kaffeehaus* einen »Caffee Royal« gönne. Die Karamellsoße glänzt golden in der Tasse – ein würdiger Abschluss eines Besuchs in der Goldschlägerstadt.

Guinness, Murphy's Red, Cider – im *Creek Lane Irish Pub* schlägt das Herz des Irland-Fans höher. Bei gutem Wetter lässt es sich zünftig auf der Terrasse am Bach feiern; oft wird Livemusik gespielt (www.creek-lane-pub.de).

46

Fabiano Mediterrane Spezialitäten
Königsplatz 33
91126 Schwabach
09122 8862470
www.fabiano-schwabach.de

Jüdisches Museum Franken in Schwabach
Synagogengasse 10a
91126 Schwabach
09122 8862100
www.juedisches-museum.org

EIN HAUCH MITTELMEER IN FRANKEN

Restaurant Fabiano

Es ist 11.30 Uhr, die Sonne flutet die Königsstraße, lässt das herrliche Fachwerkhaus mit dem grünen Pflanzschmuck und dem auffälligen Ausleger erstrahlen. Schon eine Stunde, bevor die ersten Gäste kommen, wird im Erdgeschoss und an den Tischen vor dem Restaurant *Fabiano* emsig alles für das Mittagessen vorbereitet.

Wer die italienische Küche liebt, sich gerade aber nicht auf eine Urlaubsreise freuen kann oder einfach nur eine Auszeit braucht, um von weiten Stränden und blauem Meer zu träumen, sollte sich im *Fabiano* niederlassen. Mediterrane Spezialitäten, frisch zubereitet, erfreuen nicht nur den Gaumen, sie vermitteln auch ein Gefühl von Leichtigkeit, Dolce Vita und dem kleinen Glück des Augenblicks.

Schon als wir Platz nehmen, steigen uns die Aromen frischer Kräuter in die Nase, und wir fühlen uns an einen Marktbesuch im heißen Süden erinnert. Es ist noch Sommer – also soll es ein Salat zum Einstieg sein, knackig, mit gegrillten Riesengarnelen. Weil aber schon die »Pfifferzeit«, die Erntezeit für die Pfifferlinge, begonnen hat, wählen wir als Hauptgericht Linguine mit ebenjenen würzigen und aromatischen Pilzen. Duft und Geschmack sind wirklich einzigartig, da fehlt zum Schluss nur noch das Tässchen »Caffè«, ein echter Espresso, mit richtig »Crema«, ganz wie in Italien.

Übrigens soll Goethe im Jahr 1797 im *Weißen Lamm*, wie das Wirtshaus damals noch hieß, übernachtet haben. An den einstigen Namen des Gasthofs erinnert heute der hübsche Ausleger, während eine Tafel an der Fassade auf den prominenten Besuch hinweist. Anzunehmen, dass der Dichter den heute servierten Mittelmeerspezialitäten auch nicht abgeneigt gewesen wäre – zumal er sich den düsteren Monat November für seine Visite ausgesucht hatte und Italien bereits von seinen Reisen kannte.

Im Jüdischen Museum wurde bei Sanierungsarbeiten eine historische Laubhütte mit Wandmalerei aus dem Spätbarock entdeckt – zu sehen in der Ausstellung in Schwabach. In Fürth und Schaittach unterhält das *Jüdische Museum Franken* zwei weitere Häuser.

47

Rothsee
Ausgangspunkt:
Parkplatz P3
Grashof 2
90584 Allersberg

Schloss Ratibor
Hauptstraße 1
91154 Roth
www.schloss-ratibor.de

WANDERN AM WASSER

Rothsee

Wir wandern vom Parkplatz in Grashof los, rechts neben uns glitzert der See in der Septembersonne, am Horizont erstrecken sich grüne Hügel, Siedlungen, Strandhäuser mit spitzen Giebeln. Ein heißer Tag, wir möchten nicht glauben, dass es bald Herbst wird, ignorieren die ersten im Wasser dümpelnden Blätter und lassen den Duft nach Pilzen an uns vorüberziehen. Für den etwa 15 Kilometer langen Rundweg um den Rothsee haben wir uns den ganzen Tag Zeit genommen, schließlich wollen wir auch noch gemütlich einkehren.

Der Rothsee ist das viertgrößte Binnengewässer im Fränkischen Seenland. Während wir gemächlich dahinspazieren, haben wir Zeit, die Geschichte dieser künstlichen Wasserlandschaft zu rekapitulieren. Die sieben Seen entstanden mit dem Zweck, durch die Donau-Main-Überleitung die Wasservorkommen zwischen dem trockeneren Nordbayern und dem feuchteren Süden auszugleichen. Wie die sechs anderen Gewässer ist der Rothsee heute ein weitläufiges Gebiet für Sport, Freizeit und Outdoor-Aktivitäten.

Infotafeln machen uns mit seiner Fischfauna vertraut: Zander, Aale, Hechte und Forellen sind hier unter anderen zu Hause. Entlang der Hauptsperre wird der See immer breiter. Wir schießen ein paar Fotos von den ausgestellten Skulpturen am Ufer, zum Beispiel von der *Großen Schulter* der Künstlerin Gisela Marianne Richter. Im *Seezentrum Heuberg* gönnen wir uns den ersehnten Kaffee. Im Gastronomiebereich und am Ufer wirbelt das Leben, der Strand lädt zum Schwimmen ein, wer mag, kann ein Tretboot leihen. Nach unserer Pause wandern wir weiter und genießen die Stille an der Nordwestseite der Hauptsperre, bis wir – sonnenverbrannt – wieder in Grashof ankommen.

Ein Abstecher ins mittelalterliche Roth bietet sich an. Ein historischer Rundweg von 1,4 Kilometern beginnt am Schloss Ratibor und führt zu den schönsten Gebäuden der kleinen Kreisstadt.

48

Museum *BierHopfenGut*
Gabrieliplatz 1
91174 Spalt
09175 796550
www.hopfenbiergut.de

Abenteuerwald Enderndorf
Zum Igelsbachsee 1
91174 Spalt
09175 907257
http://enderndorf.abenteuer-wald.com

GRÜNES GOLD

Museum *HopfenBierGut* in Spalt

Frankenland ist Hopfenland – und die Metropole des fränkischen Hopfenanbaus ist definitiv die Stadt Spalt. Dass in ihrem Umland die für den Geschmack des Bieres so wichtige Pflanze angebaut wird, ist seit dem 14. Jahrhundert belegt. Spalt bekam 1538 das erste deutsche Hopfensiegel verliehen. Noch heute lassen sich zahlreiche Hopfenhäuser bestaunen – bis zu sechs Geschosse hoch, mit gebrochenen Steilsatteldächern, da viel Platz zum Trocknen und Lagern des Hopfens gebraucht wurde. Ein besonders einprägsames Beispiel ist das Hopfengut Mühlreisig an der Staatsstraße nach Wassermungenau. Hopfen, der zu den Hanfpflanzen gehört, galt wegen seiner antibakteriellen Wirkung bereits in der Antike als Heilmittel. Mag sein, dass diese Eigenschaft der vornehmliche Grund war, weshalb man schon im Mittelalter dem Bier Hopfen zusetzte. Wer mehr über das »Grüne Gold« der Region erfahren möchte, dem sei das Museum *HopfenBierGut* im Spalter Kornhaus ans Herz gelegt. Allein das Gebäude (die ehemalige Zehntscheune der Fürstbischöfe von Eichstätt) beeindruckt mit seiner schieren Größe von 1.200 Quadratmetern und herrlichem Fachwerk. Im Innern tauchen Gäste in die Welt des Bieres ein. Unterhaltsam und informativ wird Wissen um den Gerstensaft und dessen Herstellung vermittelt.

Möchten Sie sich selbst einmal als Bierbrauer versuchen? Buchen Sie einen Braukurs im *HopfenBierGut.* Einen Tag lang alle Schritte von der Schrotmühle bis zum Gärkeller mitmachen, dabei bestens verköstigt werden und am Ende stolz die Brauurkunde in Empfang nehmen – das klingt nicht nur nach Lernen, sondern vor allem nach Genuss.

Im Sommerhalbjahr lohnt sich die kurze Fahrt zum Igelsbachsee, wo im *Abenteuerwald* große und kleine Kinder nach Herzenslust klettern können. Höhepunkt: die Zipline, die 560 Meter quer über den See führt.

49

Seezentrum Muhr am See
Albrecht-Dürer-Straße 2
91735 Muhr am See
09831 508191
www.altmuehlsee.de

Erlebniszentrum Kon-Tiki
Zum Seezentrum 4
91735 Muhr am See
https://kon-tikierlebnis-
zentrum.godaddysites.com

KARIBIK SO NAH

Seezentrum Muhr am See

Einfach mal ausspannen! Morgens eine große Tasse Cappuccino. Mit dem Kanu in See stechen. Zwischendurch ein Schläfchen, dann ein Eis, und zum Abschluss des Tages ein köstliches Essen. Mit dem Rad am Ufer entlangflitzen oder schlicht nichts tun. Am Abend bei einem Aperol Spritz beobachten, wie die Sonne sinkt und das Wasser sich langsam bunt färbt … Schwirren Ihnen auch manchmal solche verführerischen Bilder durch den Kopf?

Um diesen Traum ein klein wenig wahr zu machen, müssen Sie nicht gleich einen Flug in die Karibik buchen. Das Ziel unserer Sehnsüchte liegt in Franken! Feriengast sein, entspannen, Mußestunden genießen – all das ermöglicht das *Seezentrum Muhr am See.*

Der Altmühlsee – Teil des Fränkischen Seenlandes, mit einer Fläche von 4,5 Quadratkilometern und eingefasst von einem Ringdamm – bietet Urlaubern schlicht alles, was das Herz begehrt. Beim *Kon-Tiki Erlebniszentrum* können Sie den nötigen Kurs buchen, um selbst auf dem SUP zu stehen. Alternativ paddeln Sie mit der Familie in Kajaks über den See oder probieren das E-Bike-Fahren aus. Selbstverständlich können alle Sportgeräte auch ohne Unterweisung gemietet werden. Kinder planschen mit Vergnügen an den seichten Stränden, Beachvolleyball bietet sich für die Älteren an, und mehrmals täglich steuert die *MS Altmühlsee* die verschiedenen Seezentren an den Ufern an. Günstig übernachten Sie auf dem Familienzeltplatz!

Zwei Fünftel des Sees sind übrigens Naturschutzgebiet. Die sogenannte Vogelinsel bietet unseren gefiederten Freunden Heimat oder Rastplatz. Auf einem Lehrpfad am Rand der Insel lässt sich mehr darüber erfahren.

Eine natur- und vogelkundliche Führung bringt Kindern wie Erwachsenen die Flora und Fauna des Altmühlsees näher. Der etwa 1,5 Kilometer lange Weg eignet sich für Rollstuhl und Kinderwagen (www.altmuehlsee.lbv.de).

50

Zunftbäckerei Dinkelsbühl BrotHaus
Ledermarkt 1
91550 Dinkelsbühl
09851 551112
www.brot-haus.de

Museum 3. Dimension
Nördlinger Tor
91550 Dinkelsbühl
09851 6336
www.3d-museum.de

FRÄNKISCHE BACKTRADITION

BrotHaus-Café *Zunftbäckerei Dinkelsbühl*

Eine schwarze Gewitterfront türmt sich über Dinkelsbühl auf. Wir fahren durch das Wörnitztor in die Innenstadt. Zum Glück ist es nur ein Sprung vom Parkplatz ins Zentrum. Da es nun heftig regnet, suchen wir wenige Meter weiter im *BrotHaus*-Café Unterschlupf. Jetzt darf der Regenguss durchaus ein bisschen länger dauern, denn die *Zunftbäckerei Dinkelsbühl* verfügt nicht nur über eine Ladentheke voller Leckereien, süße wie herzhafte, sondern auch über einen gemütlichen Cafébereich.

Wir finden ein freies Tischchen in einer Fensternische. Während wir bereits am Cappuccino nippen und den frischen, noch warmen Zwetschgenkuchen genießen, beobachten wir die Produktwahl der anderen Gäste. Ein Mann, auf dessen Teller ein gigantisches Stück Streuselkuchen liegt, bleibt bei uns stehen. »Sieht lecker aus, was?«, sagt er grinsend. »Und wahnsinnig groß«, erwidere ich. »Streuselmonster« heißt das süße Backwerk, erfahren wir, und dass dieser Herr im Café stets nur ein Viertel isst, um den Rest mit nach Hause zu nehmen. »Alles frisch hier, und regional!«, betont der Gast, dann hat auch er einen Platz gefunden.

Die Brotvielfalt in Franken ist enorm, dazu trägt auch das *BrotHaus* bei, das Ableger in mehreren mittelfränkischen Städten betreibt. Traditionelles Handwerk immer wieder zu hinterfragen, nachhaltiger und ökologischer zu gestalten, ist das erklärte Ziel des Unternehmens.

Der Duft von frischem Brot begleitet uns auch noch, als der Regen aufgehört hat und wir uns zur Stadtbesichtigung aufmachen. Doch wir werden zurückkehren, an diesen Lieblingsplatz für Genießer!

In der wunderschönen alten Stadtmühle beim Nördlinger Tor ist das *Museum 3. Dimension* untergebracht. Auch für Kinder geeignet, mit witzigen Einblicken in optische Illusionen, Stereofotografie und mehr.

51

Spaziergang um die Stadtmauer
Ausgangspunkt:
Bäuerlinsturm
Unterer Mauerweg 2a
91550 Dinkelsbühl

Touristik-Service Dinkelsbühl
Altrathausplatz 14
91550 Dinkelsbühl
09851 902440
www.tourismus-dinkelsbuehl.de

VON TURM ZU TURM

Spaziergang um die Stadtmauer

Dinkelsbühl, aus einem fränkischen Königshof hervorgegangen, entwickelte sich zu einer politisch wie wirtschaftlich bedeutenden Reichsstadt. Durch das Tuchgewerbe sowie Sichel- und Sensenschmieden gelangte der Ort zu Reichtum, der heute noch in der Altstadt erkennbar ist. So zeugen die prächtigen Gebäude am Weinmarkt vom alten Glanz, und auf Schritt und Tritt entdeckt man bauliche Kostbarkeiten.

Charakteristisch ist die Stadtmauer mit ihren Toren und zahlreichen Türmen, die Dinkelsbühl noch komplett umschließt. Der Bäuerlinsturm mit dem auffälligen Fachwerkgeschoss gilt als Wahrzeichen und ist wahrscheinlich das meistfotografierte Bauwerk der Stadt. Zu seinen Füßen, am Unteren Mauerweg, beginnen wir unseren Spaziergang rund um Dinkelsbühl, immer innen an der Mauer entlang. Das Kopfsteinpflaster glänzt noch vom Regen, die Nässe dampft. Eine subtile Stimmung, in der wir Richtung Nördlinger Turm gehen, um dann an fünf dicht beieinander stehenden Türmen vorbeizuschlendern, die für mich das schönste Fotomotiv bilden. Der Weg steigt an, der Schweiß bricht uns aus. Umso schöner, dass im malerischen Kräutergarten hinter dem Haymersturm eine Rast möglich ist. Ab und zu führt jemand einen Hund vorbei, sonst ist es still. Wenn man Autos und Satellitenschüsseln ignoriert, fühlt man sich schnell in alte Zeiten versetzt. Und da diese Stelle sehr hoch liegt, können wir auch einen Blick auf das monumentale Münster St. Georg werfen, das als eine der bedeutendsten spätgotischen Hallenkirchen in Süddeutschland gilt.

Unser mit Pausen etwa einstündiger Spaziergang endet am Rothenburger Tor. Unbedingt zur Nachahmung empfohlen!

Gut essen und übernachten kann man im *Deutschen Haus* am Weinmarkt 3. Allein die figuren- und detailreiche Fassade lohnt einen Abstecher. Oben unter dem Giebel sitzt der Gott Bacchus (www.deutsches-haus-dkb.de).

52

Ansbacher Holzweg
Ausgangspunkt:
Karlsplatz 11
91522 Ansbach
www.angruenen.de/
auf-dem-holzweg-....php

Café Karl
Karlstraße 7
91522 Ansbach
0981 97752408
www.lebenshilfe-
ansbach.de

STADTPROMENADE DER GRÜNEN ART

Ansbacher Holzweg

Niemand befindet sich gerne auf dem Holzweg – doch ich wette, auf dem in Ansbach wird es Ihnen gefallen! Eine Stadtführung der besonderen Art, wobei Sie Ihr Wissen über Bäume vertiefen und etliche Sehenswürdigkeiten der Markgrafenstadt nebenbei erkunden. Denn Stadt, Kultur und Natur müssen nicht auf Kriegsfuß stehen, im Gegenteil! Wie die Symbiose funktioniert, zeigt dieses charmante Projekt der *Jungen Kunstschule Ansbach* in Kooperation mit dem *Bund Naturschutz,* der Stadt, der Berufsschule Ansbach und der Landschaftsarchitektin Susanne Wolf.

Ich gerate zufällig auf den Holzweg, weil mich die Dachplatanen vor der Stadtbücherei magisch angezogen haben. Die Sonne brennt – jeder Schatten ist eine Wohltat. Eine Hinweistafel erhascht meine Aufmerksamkeit. An 16 Stationen durch Ansbachs Innenstadt – zu 16 monumentalen, erfrischenden Bäumen? Da bin ich sofort dabei! Der QR-Code auf dem Infoschild führt mich zur Website, diese zu einem Lageplan. Schon bin ich auf dem Weg zum Retti-Palais-Garten, in dem ich eine imposante alte Linde bestaune. Weiter geht es Richtung Schlossgarten und Schloss, an der Rezat vorbei. Schließlich erreiche ich das Markgrafenmuseum und die Stadtmauer. Ein Ehepaar schießt begeistert Fotos. »Endlich mal eine alternative Stadtführung«, sagt die Frau erfreut. Zugegeben: Als ich bei der Stieleiche am Mühlbach ankomme, die ein wenig entfernt von der Altstadt liegt, beschließe ich, ein paar Stationen auszulassen und direkt zur Gumbertuskirche zu gehen. An diesem schattigen Plätzchen sorgen Dachlinden für Erholung.

Mir kommt in den Sinn, wie häufig in letzter Zeit über die Begrünung von Städten unter dem Einfluss des Klimawandels diskutiert wird. Und ich finde, dass Ansbach mit einem tollen Projekt vorangeht.

Erfrischendes bietet das von der *Lebenshilfe Ansbach* betriebene *Café Karl.* Außer wechselnden Mittagsgerichten und Weißwurstfrühstück seien die zahlreichen Kaffeespezialitäten und Kuchen empfohlen.

58

Michels Whisky-Kontor
Neustadt 4
91522 Ansbach
0981 357669 94
www.michels-whisky-kontor.de

Dombachtalweg
Ausgangspunkt:
Thomasstraße 14
91522 Ansbach

CHARAKTER ERWÜNSCHT!

Michels Whisky-Kontor

Ein Whisky-Kontor habe ich in Ansbach nicht direkt gesucht. Doch nachdem ich den Laden entdeckt habe, hat er sich schnell in mein Herz geschlichen. Eher zufällig waren wir an der schmucken Fassade vorbeigeschlendert: blau gestrichene Holzrahmen, ein wenig Schnitzwerk dazu. Der Gedanke an einen guten Whisky setzt sich fest, an stürmische Klippen, an Gerstenfelder im Wind. Womöglich liegt es an der Hitze, dass Schottland plötzlich eine Art Sehnsuchtsort zu sein scheint? Wir kehren um, betreten das Geschäft und werden von einem Hund begrüßt, den wir offensichtlich aus seinem Mittagsschlaf gerissen haben. Die Kühle ist eine willkommene Abwechslung nach der Schwüle draußen.

In langen Wandregalen und auf Fässern stehen Flaschen, sofort machen mich die Etiketten neugierig. Erst die freundliche Begrüßung von Michael Sichelstiel, dem Inhaber, reißt mich aus meinen Gedanken. Wir plaudern ein wenig über irischen und schottischen Whisky. Für uns soll es eher fruchtig sein, keinesfalls rauchig, und unbedingt Single Malt. Da jeder Whisky seinen eigenen Charakter hat und Geschmackserlebnisse so individuell wie vielfältig sind, kommt Michael Sichelstiels sachkundige Beratung gerade recht. Die Suche nach dem passenden Tropfen gleicht einer kleinen Reise. Auch gekostet werden darf – und schließlich fällt die Entscheidung: Wir wählen einen irischen Whisky, der zwölf Jahre auf dem bernsteinfarbenen Buckel hat. *Michels Whisky-Kontor* bietet auch Liebhabern von Gin, Rum und anderen edlen Spirituosen einen Ort, um zu fachsimpeln und sich mit feinen Produkten einzudecken. Regelmäßig werden »Tastings« angeboten, die im gemütlichen Laden stattfinden, begleitet von einem leckeren Essen. Fünf edle Whiskys, Rums oder Gins können dabei verkostet und ausgiebig diskutiert werden. Lieblingsplatz für Charakterköpfe!

Wer nach der Städtetour ein wenig Wind um die Nase braucht, findet rund um Ansbach schöne Wanderwege, etwa den Dombachtalweg (8,2 Kilometer), mit teils wilden und idyllischen Wegstrecken.

54

Fränkisches Freilandmuseum
Eisweiherweg 1
91438 Bad Windsheim
09841 66800
www.freilandmuseum.de

Sommerkino im Alten Bauhof
Holzmarkt 12
91438 Bad Windsheim
09841 65874
www.kino-bw.de

700 JAHRE FRÄNKISCHES LEBEN

Fränkisches Freilandmuseum

Kaum bin ich ein paar Minuten unterwegs, treffe ich auf ein kräftiges Ochsengespann, das sich auf der Weide ausruht. Der Bauernhof daneben liegt still da. Die Septembersonne brennt, ich wähne mich in der Mittagsruhe eines Dorfes vor etwa 100 Jahren. Nur die Besucher, die zwischen und in den Häusern umhergehen, scheinen aus der Zeit gefallen: Kinderwagen, Sportbekleidung und knallbunte Rucksäcke verraten, dass wir uns im 21. Jahrhundert befinden.

Das Fränkische Freilandmuseum zeigt auf großzügig angelegten 45 Hektar, wie sich das Leben in Franken über die vergangenen 700 Jahre entwickelt hat. Über 120 originale Gebäude wurden wieder aufgebaut, geordnet in sechs »Baugruppen« nach Regionen und Themen. Dazwischen dominiert viel Grün, mal ein Weiher, Obstbäume, Äcker. Ich stoße auf eine kleine Kapelle, als befände ich mich auf einer Wanderung in der freien Natur. Manch Lehrreiches gibt es zu entdecken, etwa über den Hopfenanbau, die dafür benötigten Werkzeuge und Arbeitsschritte. Alltag wird zum Thema. Mich fasziniert das aus dem mittelfränkischen Wendelstein stammende Badhaus aus dem Jahr 1450. Hier lässt sich nachvollziehen, wie Körper- und Gesundheitspflege im Mittelalter betrieben wurde. Ein Bader kümmerte sich nämlich nicht nur um Schwitzbad und Haarpflege, sondern war auch als Wundarzt tätig, verstand sich in der Technik des Schröpfens und wusste Zähne zu ziehen.

Für Kinder werden zahlreiche Themenführungen angeboten, auch zum Mitmachen. Ob beim Brotbacken im Bauernhaus, beim Buttern oder Filzen – Geschichte wird lebendig, und die Dinge unseres heutigen Alltags erscheinen in neuem Licht. Ein tolles Ausflugsziel für Kleine und Große!

Ein Schmankerl jedes Jahr im August ist das Sommerkino im Alten Bauhof des Freilandmuseums. In dem 600 Jahre alten Gebäude und mit einem Filmprogramm abseits des Mainstreams ein besonderes Erlebnis.

55

Boutique-Hotel Zum Storchen
Weinmarkt 6
91438 Bad Windsheim
09841 669890
www.zumstorchen.de

Franken-Therme Bad Windsheim
Erkenbrechtallee 10
91438 Bad Windsheim
09841 40300
www.franken-therme.net

FRÄNKISCH UND BEHAGLICH

Boutique-Hotel Zum Storchen

Die Sonne hat sich schon hinter das imposante Fachwerkhaus mit dem prächtigen Storchenausleger zurückgezogen. Mit Blick auf den Weinmarkt und den Schönen Brunnen – einer der ältesten Brunnen im Aischgrund, dessen Grundmauern und Becken aus dem späten 16. Jahrhundert stammen – lassen wir uns im Restaurantgarten nieder. Wir sind spät dran, es ist schon 13.30 Uhr. »Das klappt schon noch mit dem Essen«, sagt die Bedienung freundlich.

Wir haben also die volle Auswahl aus der umfangreichen Speisekarte. Gar keine einfache Entscheidung, denn die Küche legt Wert auf fränkische Tradition und Regionalität, wobei eine Menge leckere Gerichte entstehen, deren Bezeichnungen einem bereits das Wasser im Mund zusammenlaufen lassen. Wir bestellen schließlich Schweinebäckchen mit Kloß. Während wir warten, genießen wir die Ruhe und das gemütliche Treiben am Weinmarkt. Ein paar Gäste checken gerade ein, verabreden sich zur lockeren Runde nach dem Auspacken.

Ich vertiefe mich in die Geschichte des Hauses. Der Dachstuhl wurde – wissenschaftlich belegt – im späten 13. Jahrhundert errichtet. Eindrucksvoll, dass vor so langer Zeit geschlagenes Holz nach wie vor seine Funktion erfüllt. Das Boutique-Hotel *Zum Storchen* ist das älteste bürgerliche Fachwerkhaus in Mittelfranken, wurde als Mehl- und Getreideschranne genutzt, es gab eine große Landwirtschaft, eine Brauerei und eine Schenke für das Bier. Erst in den 1960er-Jahren entstand ein Gasthof.

Unsere Schweinebäckchen werden serviert. Das zarte Fleisch ist wunderbar würzig. Die Neuankömmlinge von eben sitzen nun am Nachbartisch und lassen sich ein Glas fränkischen Wein empfehlen. Ein behaglicher Freitagnachmittag hat begonnen.

Die *Franken-Therme* in Bad Windsheim lässt die Herzen von Wellnessfans höherschlagen: Lassen Sie sich im Salzsee mit vollgesättigter Sole (26,9 Prozent) treiben und fühlen Sie sich so gut wie schwerelos.

56

Landgasthof Hammerschmiede
Birnbaum 56
91466 Gerhardshofen
09163 99940
www.landgasthof-hammerschmiede.de

Weingut Hofmann
Oberndorfer Straße 20
91472 Ipsheim
09846 727
www.wein-hofmann.de

ORIGINAL AISCHGRÜNDER KARPFEN

Landgasthof Hammerschmiede

Der Aischgrund gilt als eines der bekanntesten Teichgebiete in Deutschland. Gut 7.000 Teiche mit einer Gesamtfläche von 3.000 Hektar werden zwischen dem Quellort der Aisch in Marktbergel und der Mündung bei Forchheim bewirtschaftet. Viele von ihnen wurden bereits zwischen dem 11. und 15. Jahrhundert angelegt. Eine einzigartige und artenreiche Landschaft. Der Karpfen, der neben anderen Fischen in diesen Gefilden aufwächst, darf dann auch als »Original Aischgründer« bezeichnet werden – eine geografisch geschützte Angabe (»g.g.A.«), die vor Fälschungen bewahren soll.

Ein »Original Aischgründer« liegt auf meinem Teller im Landgasthof *Hammerschmiede.* Da es noch immer sommerlich warm ist, haben wir im Biergarten Platz genommen. Der Karpfen, gezüchtet in den eigenen Weihern, wird goldgelb gebacken serviert, dazu ein Kartoffelsalat und ein gemischter Salat. Wer es lieber grätenfrei hat, kann ein Karpfenfilet bestellen, mit gleichen Beilagen. Eine kulinarische Neuentdeckung ist das mit Apfel- und Meerrettichkruste überbackene Karpfenfilet, von dem ein Gast am Nebentisch schwärmt. Wie auch immer: Die Fischart gilt als echtes »Superfood«, reich an Omega-3-Fettsäuren, darüber hinaus regional und nachhaltig erzeugt. Die Saison beginnt im September und endet im April.

Nach dem Essen genießen wir auf der kleinen, extra für Gäste angelegten Insel am Bio-Weiher hinter der Hammerschmiede den Sonnenschein und rudern eine Runde. Ein Sonntagsausflug, der sich anfühlt wie ein kleiner Urlaub.

Im Aischgrund werden etliche Informationsveranstaltungen, Events und geführte Wanderungen rund um das Thema »Karpfen« angeboten (karpfenland-aischgrund.eu). Weinfreunden sei ein Besuch des Weinguts Hofmann im nahen Ipsheim empfohlen. In der Vinothek können Sie, gut beraten, edle Tropfen einkaufen. Meine Empfehlung: der spritzige Bacchus.

57

Storchendorf Uehlfeld
Ausgangspunkt:
St. Jakobus Kirche
Hauptstraße 27
91486 Uehlfeld
www.uehlfeld.de

Uehlfelder Storchenlehrpfad
Ausgangspunkt:
Voggendorfer Felsenkeller
Voggendorf 23
91486 Uehlfeld
09163 228
www.brauerei-prechtel.de

DER ADEBAR IM KARPFENLAND

Erkundungstour durchs Storchendorf

Kaum sind wir ein paar Meter die Hauptstraße entlanggeschlendert, gleitet ein schwarzer Schatten über uns hinweg. Unwillkürlich ziehe ich den Kopf ein. Der Storch fliegt eine Linkskurve, gewinnt an Höhe und landet auf dem Dach der Brauerei Prechtel. Und er ist nicht der Einzige, der einen Logenplatz im Horst hoch über dem knapp 3.000 Einwohner zählenden Ort Uehlfeld im Aischgrund hat. Etwa drei Dutzend Nester sollen jeden Sommer bewohnt sein. Auf dem Kirchturm der Sankt-Jakobus-Kirche zählen wir gleich fünf. Und direkt darunter zwei weitere. Im Baum noch eins! Im Sekundentakt entdecken wir weitere.

Dass ausgerechnet im Karpfenland Aischgrund die Störche jedes Jahr erneut einziehen, liegt wohl daran, dass die Wiesen mehrmals im Jahr abgemäht werden und somit den Tieren ideale Bedingungen für die Nahrungssuche bieten. Das Storchendorf zieht in den warmen Monaten etliche Vogelbeobachter an, die bei der Einfahrt durch das Historische Torhaus bereits von einem Schild entsprechend gewarnt werden: »Achtung! Störche im Tiefflug!« Denn Jungstörche brauchen mitunter eine längere Segelstrecke, um an Höhe zu gewinnen. Ich kann mir vorstellen, dass mancher Lkw-Fahrer sich schon Aug' in Auge mit einem rotbeinigen Fluganfänger wiederfand.

Die Uehlfelder, so erfahren wir, freuen sich über die gefiederten Mitbewohner, wenngleich deren Hinterlassenschaften und das andauernde Klappern durchaus auch mal die Nerven strapazieren. Zum Ende des Sommers ist eine ausgiebige Dachrinnenreinigung angesagt. Als Besucher genießt man jedoch die Ausblicke auf die Horste, in denen an diesem frühen Septembermorgen jeweils ein bis zwei Störche gelassen auf das Treiben unter sich blicken.

Der auch mit Kindern gut zu bewältigende 7,5 Kilometer lange *Storchenlehrpfad* beginnt und endet beim *Felsenkeller* in Voggendorf. Nach dem Spaziergang ist eine zünftige Brotzeit angesagt.

ZWISCHEN GRÜNEN UFERN

Von Forchheim über den Steigerwald in den Spessart

Bamberg, das fränkische Rom, erweckt im Sommerhalbjahr bei Gästen wie Einwohnern das Gefühl, am Mittelmeer zu leben. Die verwinkelten Gässchen, die behäbig dahinfließende Regnitz und die sieben Hügel, auf denen die Stadt erbaut ist, muten ein wenig italienisch an. Wenn Sie einen Besuch planen, lassen Sie sich unbedingt ein paar Tage Zeit, um auch abseits der Touristenströme den Zauber dieser geschichtsträchtigen Stadt zu genießen.

In westlicher Richtung schließen sich die Haßberge an. Entlang des Mains mit seinen sonnigen Weinhängen reisen Sie in das beschauliche Mittelgebirge mit zahlreichen Burgen und Burgruinen. Die Straße der Fachwerkromantik führt unter anderem durch das Weinstädtchen Zeil am Main und durch Königsberg in Bayern – Letzteres ein Paradebeispiel für das malerische Franken und Geburtsort eines bedeutenden Mathematikers. Regiomontanus nannte er sich, Lateinisch für »der Königsberger«. Nach ihm sind sogar ein Mondkrater und ein Asteroid benannt.

Ins All brauchen wir jedoch vorerst nicht aufzubrechen. Wenden wir uns erst einmal dem Steigerwald zu, südlich des Mains gelegen, ein ausgedehntes Gebiet mit vielen Buchenwäldern. Gepflegte Wanderwege ermöglichen, diese hügelige Landschaft (die größten Erhebungen nähern sich der 500-Meter-Grenze) zu Fuß zu erkunden. Oder Sie blicken vom Baumwipfelpfad bei Ebrach aus der Vogelperspektive übers Land. Hier ahnt man bereits die tiefer gelegenen »Lande um den Main«, an denen der Wein so gut gedeiht. An den Hängen des Steigerwalds bieten Klima und nährstoffreicher Boden hervorragende Bedingungen für den süffigen Müller-Thurgau, der mittlerweile auch auf den Namen Rivaner hört.

Weiter den Main entlang gelangen wir über das idyllische Volkach nach Würzburg. Die quirlige Stadt bietet neben Weinwirtschaften und abwechslungsreicher Gastronomie vor allem eins:

Kunst und Kultur in schierem Überfluss. Allein die barocke Residenz mit ihren Fresken und Stuckarbeiten und dem prächtigen Hofgarten berührt jeden Besucher. 1981 wurde der Prachtbau in die Liste der UNESCO-Weltkulturgüter aufgenommen. Bedingt durch die Kriegsschäden (90 Prozent Würzburgs waren 1945 zerstört) musste die Residenz anhand von Abbildungen quasi ein zweites Mal erbaut werden. Im Sommer findet in den herrschaftlichen Räumen das *Mozartfest Würzburg* statt; es gehört neben den *Salzburger Festspielen* zu den wichtigsten Festivals für klassische Musik im deutschsprachigen Raum.

Nachdem Sie den Glanz Würzburgs ausgekostet haben, darf es fürs Erste wieder ländlicher werden. Wir erreichen die Ausläufer des Spessarts. Märchen gedeihen dort prächtig, sodass in dem kleinen Städtchen Lohr ein Besuch im Spessart-Museum lohnt. Dort erfahren Sie unter anderem, warum Schneewittchen definitiv eine Lohrerin war. Lohr liegt am östlichen oberen Eck des Mainvierecks. Der Fluss umfließt sozusagen den Spessart auf einer Strecke von etwa 100 Kilometern. Unser westlichstes Ziel, Aschaffenburg, ist also vom Rest Frankens durch das Mittelgebirge getrennt. Die Distanz ist nicht nur topografisch bedingt. Schließlich gehörte die Stadt vom 10. Jahrhundert an zum Mainzer Kurfürstentum und diente als Zweitresidenz der dortigen Erzbischöfe. 1814 stülpte das Königreich Bayern den Aschaffenburgern eine neue Identität über. Allein dialektal merkt man, dass Aschaffenburg zwar in Franken liegt, aber nicht wirklich eine Fränkin ist. Sei's drum – die Stadt hat so viel Sehenswertes, wen kümmert da schon die Abstammung! Verpassen Sie nicht, die Stiftskirche St. Peter und Alexander zu besichtigen. Danach darf es dann gerne ein Sundowner am Main sein!

58

Das Schiefe Haus
Wiesentstraße 10
91301 Forchheim
0163 5343342
www.dasschiefehaus.de

Tourist-Information Forchheim
Kapellenstraße 16
91301 Forchheim
09191 714338
www.forchheim.de

FRANKENS SCHRÄGSTER ORT

Das Schiefe Haus

Es nennt sich die »schiefste Location« in Forchheim: das *Schiefe Haus*, ein zweigeschossiges Satteldachhaus mit einem Parterre aus Sandsteinquadern und Zierfachwerk im Obergeschoss. Einst eine Mühle und zu diesem Zweck direkt an der flott dahinfließenden Wiesent gelegen, verdankt seine Berühmtheit einem baumeisterlichen Fehler.

Wer auch immer wie und warum murkste: Das Gebäude senkte sich noch während der Bauphase 1698 zum Fluss hin ab. Dennoch wurde noch bis 1910 Korn vermahlen. Seit den 1980er-Jahren kehren unternehmungslustige Menschen ins *Schiefe Haus* ein, um ein Glas Wein und die besondere Atmosphäre dieses geschichtsträchtigen Ortes zu genießen. Die Gäste sitzen wahlweise auf der Galerie oder in kleinen, abgeschirmten Winkeln. Auch im Garten lässt es sich bei warmem Wetter rasten. Rundum atmet jeder Stein, jeder Holzbalken Geschichte. Seit 2021 wird das *Schiefe Haus* von drei jungen Gastronomen bespielt, die aus der Schenke eine moderne Event-Location gemacht haben. Man trifft sich nun beispielsweise zum »Gin-Tasting«, das neben der Theorie vor allem Degustieren einschließt, begleitet von Snacks für eine gute und magenfreundliche Grundlage.

Das *Schiefe Haus* ist ein vortrefflicher Platz, um auch ohne besonderen Anlass zusammenzukommen. Dabei lohnt unbedingt ein Kennerblick auf die Weinkarte, die mit vielen hochkarätigen Tropfen hauptsächlich fränkischer Herkunft, aber auch von südlich der Alpen aufwartet. Immer im Angebot: kleine Amuse-Gueules, darunter knuspriges Brot mit hausgemachten Aufstrichen. Übrigens kann das *Schiefe Haus* auch für private Events gemietet werden – inklusive Wein, Cocktails und Leckereien.

Ein Stadtspaziergang durch das malerische Städtchen Forchheim, das einst Krönungsort der Karolinger war, lohnt unbedingt! Einen Stadtplan mit Erläuterungen erhalten Sie bei der Tourist-Information.

59

Wanderung am Ellerbach
Ausgangspunkt:
Wanderparkplatz
Ellerbergstraße
am östlichen Ende von
Tiefenellern
96123 Litzendorf-
Tiefenellern

Brauerei und Gaststätte Hölzlein
Ellertalstraße 13
96123 Litzendorf-Lohndorf
09505 357

VON WEGEN TOSKANA!

Wanderung am Ellerbach

Die Region östlich der Weltkulturerbestadt Bamberg zwischen Litzendorf und Tiefenellern wird als »Fränkische Toskana« bezeichnet. Die sanft gewellten Hügel, der beschwingte Wechsel von Berg und Tal inspirierte zu dieser Namensgebung. Jenseits von Tiefenellern zeigt sich die Landschaft dann von einer rauen Seite: Gleich hinter dem kleinen Ort erhebt sich die felsige Eulenwand, an der Kletterer gerne nach Höherem streben. Von 400 Metern über Normalhöhennull geht es schnell auf mehr als 500 hinauf.

Weniger augenfällig, dafür umso zauberhafter ist der Bergpfad entlang des Ellerbachs. Ein hölzerner Feuersalamander weist den Weg, die schwarz-gelben Amphibien können mit etwas Glück nämlich im schattig-feuchten Untergrund entdeckt werden. Unter einem smaragdgrünen Blätterdach führt die Rundwanderung zunächst steil hinauf, ab und zu queren schmale Rinnsale den Pfad und münden in den Ellerbach, der sich schließlich in Sinterstufen kaskadenartig den Berg hinunterzieht. Wir genießen das Glitzern der Sonnenstrahlen, die durch das Laub dringen, und das frische Plätschern des Wassers, denn der Weg ist schweißtreibend und verlangt Trittsicherheit. Die Schlucht ist völlig naturbelassen, bemooste Baumstämme stapeln sich wie Mikadostäbe kreuz und quer über den Bach. Mit jedem Schritt, den wir gehen, scheint die Schlucht tiefer eingeschnitten, Felsblöcke und Höhlen am anderen Bachufer vermitteln den Eindruck, sich durch einen Märchenwald zu bewegen.

Der Pfad endet in Herzogenreuth, bei dessen Kirche mit dem Wehrturm aus dem 13. Jahrhundert sich ein herrlicher Blick bis ins Fichtelgebirge zu Ochsenkopf und Schneeberg eröffnet. Zurück nach Tiefenellern führt dann der mit einem blauen Kreis markierte Wanderweg (insgesamt gut sechs Kilometer).

Im nahen Lohndorf bietet die Brauerei und Gaststätte Hölzlein eigene Biere und deftige Speisen, etwa das scharf gewürzte Grillhähnchen »Feuervogel«, im Sommer im lauschigen Biergarten.

60

Kloster St. Michael
Michelsberg 10
96049 Bamberg

Fränkisches Brauereimuseum
Michelsberg 10f
96049 Bamberg
0951 53016
www.brauereimuseum.de

OBSTBAUM-PROMENADE

Kloster St. Michael

Der Spätsommer hat es in sich. Prall hängen Zwetschgen und Birnen an den Bäumen, Wespen machen sich über das Fallobst her. Ein sonniger Tag, ideal, um eine meiner Lieblingstouren durch Bamberg zu unternehmen: hinauf zum monumentalen Kloster St. Michael, das sich auf einem der sieben Hügel der Stadt erstreckt, im Volksmund »Mich(a)elsberg« genannt.

Ich gehe vom Grünhundsbrunnen los – der Name steht wohl nicht für einen grünen Hund, sondern volksetymologisch für die Greyhounds der Fürstbischöfe. Eine schmale Treppe führt zur Aufseßstraße hinauf, wo ich gleich hinter dem Haus St. Egbert durch das Tor trete. Nun bin ich mitten in der grünen Natur. Über steile Stufen und Wege, gesäumt von prächtigen Obstbäumen, gelange ich zum Kloster. Mit jedem Schritt weitet sich die Aussicht über die Stadt, daher nehme ich den schweißtreibenden Aufstieg gerne in Kauf. Der Michaelsberg ist einer der schönsten Panoramapunkte Bambergs, bei klarer Sicht reicht der Blick bis in den fränkischen Jura und ins Obermaintal.

Die Geschichte des ehemaligen Benediktinerklosters hat etliche Wendungen genommen, auch baulicher Art. Heute beherbergen die Gemäuer ein Seniorenheim, außerdem befinden sich in der weitläufigen Anlage zwei Restaurants sowie das Brauereimuseum. Ein Besuch der Ausstellung ist unbedingt zu empfehlen, schon allein die Gewölbe mit den alten Braukesseln und der Eiskeller faszinieren mich jedes Mal aufs Neue. Möchten Sie gerne ein paar Biere verkosten? Entsprechende Angebote stehen ebenfalls auf dem Programm.

Ich durchquere das Hauptportal und mache mich zurück auf den Weg in die Innenstadt. Schräg gegenüber im behaglich kleinen *Cafézimmer* am Michelsberg 29a soll es jedoch zuvor ein Eiskaffee sein. Denn noch ist Sommer!

Das Kloster St. Michael ist Ausgangspunkt für den *Schöpfungsweg*, eine fünf Kilometer lange Wanderroute hoch über Bamberg mit zwölf Wegstationen voller Infos zu Geschichte und Natur.

61

Klosterbräu Bamberg
Obere Mühlbrücke 1–3
96049 Bamberg
0951 52265
www.klosterbraeu.de

Chance-Jugend-Fähre
(April–Oktober)
Liegeplatz Mühlwörth bei
Schleuse 100
Alter Graben 22
96049 Bamberg
www.chance-jugend-
faehre.de

BERNSTEIN MIT SCHAUMKRONE

Brauerei und Restaurant Klosterbräu

Idyllisch im Mühlenviertel gelegen, lädt Bambergs älteste Braustätte (erstmals 1333 erwähnt) zur Bierverkostung. Natürlich mit einer anständigen Brotzeit dazu, die wir uns an diesem sonnigen Nachmittag auf der Stufenterrasse vor der malerischen Außenfassade des *Klosterbräu* gönnen.

Bierkultur wird in Oberfranken und besonders in der Stadt Bamberg großgeschrieben. Der Gerstensaft gilt als Lebensmittel und als Kulturgut, die Braukunst orientiert sich an der Geschichte, setzt aber in der Produktion auf neue Technologien. In einem sechsstündigen Kurs können Laien die Kunst kennenlernen, ein süffiges Bier zu brauen, selbst Hand anlegen und dabei deftige Brauergeschichten zu hören bekommen.

Wir jedoch wollen heute vor allem genießen. Für mich soll es ein Braunbier sein, die Spezialität im *Klosterbräu,* auf die ich an Ort und Stelle immer zurückgreife. Der dunkle Bernsteinton macht Laune, dazu das nach Karamell duftende, malzbetonte Aroma – ein Bier, bei dem man sich besonders auf den ersten Schluck freut. Würzig, süffig und mit einem Stammwürzegehalt von 12,5 Grad löscht es nicht nur den Durst, sondern umschmeichelt verführerisch die Geschmacksnerven. Manche Fans erahnen hinter der Hopfenbittere tatsächlich eine Toffeenote, während ich selbst schwören könnte, ein klein wenig Vanille herauszuschmecken, gepaart mit einem Hauch Haselnuss.

Neben dem historischen Braunbier lassen sich auch noch *Schwärzla* (tiefschwarze Farbe mit einer, wie Kenner meinen, deutlichen Kaffeenote) oder Rauchbier ausprobieren, selbstverständlich das in Franken beliebte vollmundige Kellerbier und – saisonal – Bockbier. Bierkultur vom Feinsten!

Nach Bier und Brotzeit promenieren Sie in zehn Minuten zum Mühlwörth, wo die Gierseilfähre Sie ans andere Regnitzufer bringt. Schließen Sie einen schönen Spaziergang über den Alten Graben und den Stefansberg zurück in die Altstadt an.

62

Evangelisch-lutherische Erlöserkirche
Kunigundendamm 15
96050 Bamberg
0951 23688
www.erloeserkirche-bamberg.de

Hochbeete des Vereins *Essbare Stadt Bamberg*
Adenauerufer
96050 Bamberg
www.essbarestadt-bamberg.de

Einkehr für Radler und Ruhesuchende

Erlöserkirche

Sie liegt direkt am Regnitz-Radweg, am rechten Ufer des Main-Donau-Kanals, weithin überragt ihr Glockenturm die schmucken Jugendstilhäuser am Kunigundendamm: die Erlöserkirche ist die erste Radwegkirche in Bayern und lädt alle zur Einkehr ein, die sich auf einer Reise befinden.

Irgendwie sind wir ja alle auf Reisen – deshalb zieht es mich immer wieder in den zehneckigen Bau, dessen Form an einen Tempel erinnert. Tatsächlich hat sich Architekt German Bestelmeyer bei der Planung in den 1930er-Jahren von frühchristlichen Gotteshäusern Italiens inspirieren lassen. Ruhe und gedämpftes Licht empfangen mich, als ich eintrete. Das große Kruzifix über dem Altar, dessen Korpus aus der Veit-Stoß-Schule stammen soll, zentriert den Blick, es tut gut, sich für eine Weile zu setzen und die Welt draußen zu vergessen.

Die Erlöserkirche ist in einer alten Stadt wie Bamberg recht jung, eingeweiht wurde sie 1934, am 22. Februar 1945 durch einen Bombenangriff schwer beschädigt – eine am mittleren rechten Pfeiler angebrachte Tafel erinnert an die Zerstörung – und schließlich wieder originalgetreu aufgebaut. Die dunklen Ereignisse des Krieges und der Nazizeit thematisiert die Ausstellung des australischen Künstlers John Young zur Person Dietrich Bonhoeffer, die seit 2013 in der Kirche gezeigt wird: *Bonhoeffer in Harlem.* Ein Seidenteppich, Drucke und Kreidezeichnungen befassen sich mit dem widerständigen Pfarrer, der im April 1945 im KZ Flossenbürg von den Nationalsozialisten hingerichtet wurde.

Im Freien setze ich mich noch ein Weilchen unter die Kastanie beim Labyrinth neben der Kirche. Selbstvergessen durchstreift eine junge Frau seine Windungen, manchmal stutzend, versonnen lächelnd. Wir sind eben alle auf Reisen. Immer.

Wenige Meter weiter führen Treppen vom Kunigundendamm hinunter zum Main-Donau-Kanal, wo im Schatten hoher Pappeln die Hochbeete der Initiative *Essbare Stadt Bamberg* zum Schnuppern und Naschen einladen.

63

Restaurant *Der.Franke*
Freizeit- und Sportbad Bambados
Pödeldorfer Straße 174
96050 Bamberg
0951 773515
www.bambados.de

WILD THING

Restaurant *Der.Franke*

Heute sitze ich mit dem Koch André Franke auf der Terrasse seines kulinarischen Refugiums im Bamberger Freizeitbad *Bambados.* Gegenüber liegen die Saunahäuser in der Sonne, im Naturteich glitzern Sonnenstrahlen. Relaxen lässt es sich bei *Der.Franke*, das kein Restaurant im klassischen Sinn ist, eher eine Genussinsel für Saunagäste, Schwimmer und Wellnessfreunde, die während ihres Badeaufenthalts gut essen wollen.

Seit 2018 kocht André Franke hier und baut seine Spezialitäten weiter aus, immer unter dem Blickwinkel, möglichst regional und nachhaltig zu arbeiten. Dabei spielen sogar einige Gäste eine tragende Rolle: Unter ihnen befinden sich Jäger, die dem Koch regelmäßig frisches Wild liefern. Hieraus entstand die wohl lässigste Kombination auf der Speisekarte: »Wild Thing« heißt der Döner, dessen Füllung fünf Klößchen aus Wildfleisch, viel Rohkost, Kürbispesto und Preiselbeeren enthält. Leicht scharf, würzig, einfach lecker. Wer genau nachschmeckt, dem hallen wohl beim Verspeisen die Rockgitarren zu dem namensgebenden Song *Wild Thing* aus den 1960er-Jahren im Ohr.

Dass Essen und Trinken nicht für sich stehen, sondern eine Verbindung zum Leben haben, zeigt sich beim Espresso, den wir im Anschluss an unser Gespräch trinken. *Der.Franke* verwendet ausschließlich Bohnen, die von Mitarbeitern der *Lebenshilfe Bamberg* in traditionellen Trommelröstern geröstet und verpackt werden.

Beim Abschied kann ich noch etwas für die Bamberger Kultur tun. Ich kaufe eine Tüte mit einer von André Franke kreierten veganen Burgermischung für zu Hause. Ein Euro des Preises geht als Spende an kulturelle Einrichtungen der Region – und daheim kann ich mir den *Kulturburger* schmecken lassen!

Das *Bambados* heißt Familien mit Attraktionen wie Kleinkinderbecken samt Piratenschiff, Wasserrutsche und Wildwasser willkommen. Sauna, Spa-Behandlungen und Schwimmkurse sind ebenfalls möglich.

64

Wanderung Stollberg
Ausgangspunkt:
Wanderparkplatz
Unterhalb des Dorfes
Handthal
97516 Oberschwarzach

Restaurant Stollburg
Handthal 50
97516 Oberschwarzach-Handthal
09382 9930895
www.stollburg-handthal.de

FRANKENS HÖCHSTE WEINLAGE

Stollberg bei Handthal

Mit seinen 476 Metern ist der Stollberg am westlichen Rand des Steigerwalds weithin sichtbar. Er steht von den benachbarten Anhöhen getrennt und ist 150 Meter höher als das Dorf Handthal, hinter dem er aufragt. Der südliche Hang bildet die höchste Weinlage Frankens und ist von Reben bedeckt, während der Gipfel, auf dem die Ruine der Stollburg liegt, und die anderen Flanken bewaldet sind. Die Gegend ist durchzogen von einem Netz aus gut ausgeschilderten Wanderwegen. Auch Fernrouten, etwa der Kelten-Erlebnisweg, führen am Stollberg vorbei.

Wir wandern zunächst durch das Dorf und hinauf zum Restaurant *Stollburg*. Die Strecke führt vorbei an Feldern voller leuchtender Sonnenblumen, und schnell erreichen wir den schmalen Fahrweg mitten durch die Weinberge: Kerner, Dornfelder und Schwarzriesling gehören zu den Sorten, die hier angebaut werden.

Nach dem Restaurant führt der Pfad steil hinauf und ist mit einem Geländer gesichert, das gleichzeitig als Infotafel dient. Wir erfahren, dass etwa 6.000 Jahre v. Chr. in Georgien der Wechsel von der wilden zur kultivierten Rebe stattfand; echter Weinanbau eben. Oben angekommen, wandern wir zur *Murrleinsnesthütte,* rasten, und kehren in einem weiten Bogen zurück, wobei wir noch einen Abstecher zur Stollburgruine machen. Indizien weisen darauf hin, dass der Minnesänger Walther von der Vogelweide von diesem Ort stammte: Walther von Stollberg also, der Kreuzfahrer und später Dichter wurde. Auf der nahen Aussichtsterrasse mit grandiosem Fernblick machen wir es uns auf den Liegestühlen bequem – genau jetzt wäre Zeit für ein Gedicht; es muss ja nicht auf Mittelhochdeutsch sein.

Die Aussicht vom Restaurant *Stollburg* über die Weinberge und weit ins Land ist gigantisch. Nach dem Aufstieg mundet die fränkische Küche doppelt so gut. Natürlich werden auch die Weine der unmittelbaren Umgebung ausgeschenkt. Zum Wohl!

65

Blick auf den Ebersberg bei Zell vom **Schlangenweg**
Ausgangspunkt:
Wanderparkplatz Marswald
an der St2276 zwischen Zell am Ebersberg und Oberschleichach
97514 Oberaurach

Baumwipfelpfad Steigerwald
Radstein 2
96157 Ebrach
09553 989 80102
www.baumwipfelpfad steigerwald.de

IM WILDEN WALD
Schlangenweg

Über dem Steigerwald brauen sich ab und zu dicke Wolken zusammen, ganz unabhängig vom Wetter. Denn die bis zu knapp 500 Meter hohen Hänge des Mittelgebirges, welches im Norden vom Main und im Südosten von der Aisch begrenzt wird, sind seit den frühen 2000er-Jahren Gegenstand erregten Streits: Soll der Naturpark Steigerwald ein Nationalpark werden?

Die Für- und Widerstimmen verdunkeln an diesem Frühlingstag die strahlende Sonne allerdings nicht. Wir stellen unser Auto auf dem Parkplatz Marswald ab, um auf dem *Schlangenweg* zu wandern. Angst vor Kreuzottern oder gar Klapperschlangen muss niemand haben, denn seinen Namen bekam der Pfad aufgrund seiner geschlängelten Streckenführung. Zunächst laufen wir den Forstweg in östlicher Richtung entlang, bis uns ein Schild nach vier Kilometern den eigentlichen *Schlangenweg* anzeigt.

Wir gehen hintereinander, so schmal drückt sich der Pfad an die Schluchtenhänge. Die Sonne fällt durch die lichten Buchenwipfel und malt bizarre Schatten ins Laub. Emsig werkelt ein Specht an seiner Behausung, Buchfinken trällern ihr Lied. Links fällt der Hang teils fast senkrecht ab, und von Zeit zu Zeit plätschert ein Wasserlauf über den Weg. Von 420 Metern Höhe beim Einstieg erreichen wir nach gut sieben Kilometern Zell am Ebersberg auf 270 Metern. Kurz darauf führt der Weg zurück in den Wald, wir steigen steil auf. Ein wenig Abenteuer entsteht beim Durchwaten der flachen Marsbachläufe.

Zurück am Parkplatz richten wir die wohlverdiente Brotzeit auf einem der Picknicktische an; Imbissbuden sind Fehlanzeige. Kinder können sich am Waldspielplatz direkt am Ziel noch vollends austoben.

Wer die luftigen Höhen des Steigerwalds erleben will, tut das am besten auf dem *Baumwipfelpfad Steigerwald* mit seinem 42 Meter hohen Aussichtsturm, besonders eindrucksvoll an einem sonnigen Herbsttag.

66

Erkundungstour Zeil am Main
Ausgangspunkt:
Marktplatz 8
97475 Zeil am Main
09524 9490
www.zeil-am-main.de

Zeiler Käppele
Kapellenberg 2
97475 Zeil am Main
www.wallfahrt.bistum-wuerzburg.de

FACHWERK UND WEIN

Erkundungstour durch Zeil am Main

Eingebettet zwischen Steigerwald und Haßbergen kuschelt sich Zeil am Main in sonnige Weinberge. Vorfreude auf ein Glas fruchtig-frischen Bacchus erwacht. Doch zunächst besichtige ich die baulichen Juwelen der kleinen unterfränkischen Stadt, die 1018 erstmals schriftlich erwähnt wurde, also auf eine stattliche Geschichte zurückschaut.

An diesem Vormittag strahlen die Fachwerkgebäude am leicht abschüssigen Marktplatz in der Maisonne um die Wette. Die mächtige Stadtpfarrkirche St. Michael schließt das Ensemble nach oben hin ab. Gegenüber ein Café, auf dessen Terrasse ein Zeitungsleser seinen Kaffee genießt. Neben dem Rathaus und dem Zehnthaus gilt das Jörg-Hoffmann-Haus (Hauptstraße 3) als eines der prächtigsten Fachwerkgebäude in Zeil, ein traufständiger Walmdachbau, vom gleichnamigen Baumeister 1689 errichtet. Das Obergeschoss besticht mit opulent geschnitzten Balken. Plastisch treten Fratzengesichter und Pferdekörper hervor. Die Fensterpfosten sind reich mit Reben und Trauben verziert.

Ich mache mich nach einem ausgedehnten Spaziergang noch auf zur Wallfahrtskirche *Zeiler Käppele* hoch über der Stadt. 1897 wurde der heutige Bau geweiht. Er wirkt recht monumental, im Stil französischer Kathedralen. Das Gnadenbild im Inneren ist eine Kopie des Mariahilf-Motives von Lucas Cranach dem Älteren, 1537 geschaffen.

Wunderschön ist der Fernblick hier oben. An Wallfahrtstagen finden sich auf dem Berg über Zeil viele Gläubige ein. Doch heute herrscht Stille, nur die Vögel singen und trällern. Am liebsten würde ich mit ihnen weit über das Maintal und die leuchtenden Rapsfelder bis zum grünen Steigerwald durch die Lüfte gleiten.

Das Weinhaus Nüsslein am Marktplatz 1 führt zahlreiche gute Tropfen von eigenen Lagen. Bei einem geführten Spaziergang erfährt man viel Wissenswertes zum fränkischen Wein; eine Verkostung gehört natürlich dazu (www.weinhaus-nuesslein.de).

67

Ritterkapelle
Obere Vorstadt 17
97437 Haßfurt
www.ritterkapelle.
hassfurt.net

Eissportstadion
Freizeitzentrum Haßfurt
Großer Anger 33
97437 Haßfurt
09521 94570
www.stwhas.de/
freizeitzentrum-hassfurt

EIN STÜCK HIMMEL AUF ERDEN

Ritterkapelle

Es ist ein Spätsommertag wie im Märchen. Stahlblau der Himmel, die Sonne neigt sich im Westen bereits dem Horizont zu. Vor uns glänzt die weiße Ritterkapelle so hell, dass ich kurz blinzeln muss. Klar, warum die Pfarreiengemeinschaft St. Kilian auf ihrer Website den Sakralbau, der sich ganz im Sinne der Gotik dem Reich Gottes entgegenstreckt, als »ein Stück Himmel auf Erden« bezeichnet.

Gerade ist ein Gottesdienst zu Ende gegangen. Wir treten durch die südliche Hasenpforte ein – bewacht von zwei kecken Langohren, die hochnäsig auf uns herabsehen. In den Sonnenstrahlen, die den luftigen Kirchenraum erhellen, schweben Reste von Weihrauch. Sofort konzentriert sich der Blick auf das Gnadenbild: eine schmerzhafte Pietà aus Sandstein, geschaffen um das Jahr 1400. Die Madonna vermag ihr Leid trotz des weit in die Stirn gezogenen Umhangs nicht zu verbergen. Ein kleiner Engel stützt den Leichnam Jesu – der Versuch des Steinmetzes, Trost zu vermitteln?

Der landläufige Name der Ritterkapelle rührt von dem dreifachen Wappenfries, das den Chor mit über 200 Schilden umzieht – ein Alleinstellungsmerkmal! Nach der Weihe im 15. Jahrhundert erfuhr die Kirche mehrere Umgestaltungen. Die jüngste Restaurierung, 2010 vollendet, legte gotische Strukturelemente frei und gab dem Innenraum Farbigkeit zurück. Ins Auge springt besonders das große Fresko über der Hasenpforte, das den Heiligen Christophorus mit dem Jesuskind auf der Schulter zeigt. Der Volksglaube besagt, der Anblick des Märtyrers schütze vor einem plötzlichen Tod, was erklärt, warum er stets großformatig dargestellt wird. Seine Aura begleitet uns hinaus in den lauen Sommerabend.

Spirituell gestärkt lohnt sich ein Besuch im Eissportstadion (Schlittschuhverleih vorhanden)! Im Sommer dient die Eisfläche zum Rollschuhlaufen oder steht für private Veranstaltungen zur Verfügung.

68

Amtsbotenweg
Ausgangspunkt:
Burg Königsberg
Schlossberg 14
97486 Königsberg
in Bayern

Schlossberg Gaststätte
Burg Königsberg
Schloßberg 14
97486 Königsberg
in Bayern
09525 981944
www.schlossberg-koenigsberg.de

AUF ALTEN PFADEN

Amtsbotenweg

Längst ist es Mai geworden. Flieder und Goldregen blühen um die Wette. Um diese Jahreszeit braucht es nicht viel Überzeugungskraft, um ein paar Gefährten für eine Wanderung zu gewinnen. Heute haben wir uns eine historische Route vorgenommen, die für unsere Kondition eine echte Herausforderung darstellt: den alten Amtsbotenweg bei Königsberg in Bayern.

Von 1826 bis 1920 gehörte der Ort zum Herzogtum Sachsen-Coburg-Gotha und stellte damit eine Exklave dar. Um Dokumente und andere wichtige Dinge zwischen beiden Städten zu transportieren, musste der Amtsbote zweimal pro Woche die knapp 50 Kilometer lange Strecke mit mehr als 200 Metern Höhenunterschied und vielen Aufs und Abs zu Fuß bewältigen. Auch Handwerker brachten ihre Waren auf diesem Weg zu den Abnehmern. Kräftezehrend ist die Tour heute noch, doch der gut ausgeschilderte Verlauf lässt sich leicht in zwei Abschnitte teilen. Wir wandern heute bis Altenstein.

Beschaulich führt der Pfad zunächst von der Burg Königsberg durch den Naturpark Haßberge, ein bis 512 Meter hoher Mittelgebirgszug, der sich grob zwischen Schweinfurt und Bamberg erstreckt. Ausgedehnte Mischwälder und Streuobstwiesen prägen das Bild. Im Wald ist es schattig, doch auf den sonnenbeschienenen Etappen sind wir froh um unsere breitkrempigen Hüte. Nach gut 20 Kilometern und sechs Stunden (mit Pausen) erreichen wir die Burgruine Altenstein. Von hier fällt der Blick weit hinaus ins Baunachtal: ein schöner Moment zum Durchatmen. Dann steht Abkühlung an: In herrlicher Hanglage lassen wir den Tag im Freibad Altenstein ausklingen.

Für den Amtsbotenweg ist eine gute Kondition erforderlich. Nicht überall bieten sich Einkehrmöglichkeiten, daher unbedingt Proviant mitnehmen!

Bei schönem Wetter sitzt es sich wunderschön auf der Terrasse der *Schlossberg Gaststätte* hoch über Königsberg. Für Kinder ist der Waldspielplatz (zehn Minuten Fußweg) eine echte Attraktion.

69

Altstadt Königsberg in Bayern
Ausgangspunkt:
Marienkirche
Marktplatz 8
97486 Königsberg
in Bayern
09525 92220
www.koenigsberg.de

Geburtshaus von Regiomontanus
Salzmarkt 8
97486 Königsberg
in Bayern
09525 922218

PERLE DER HASSBERGE

Altstadt von Königsberg in Bayern

Steht Ihnen der Sinn nach Romantik und Historie? Dann auf nach Königsberg! Die Altstadt des kleinen, am westlichen Rand der Haßberge gelegenen Fachwerkstädtchens mit dem buckligen Kopfsteinpflaster steht komplett unter Denkmalschutz. Es strahlt so viel Charme aus, dass selbst nüchterne Zeitgenossen sofort seinem Zauber erliegen, zumal die Anmutung einer vom Tourismus zum Museum erniedrigten Stadt völlig fehlt. In Königsberg lässt sich noch recht allein zwischen Metzgerei, Café und Kirche umherschlendern.

Ich beginne meinen Rundgang an der heute evangelischen Marienkirche am Marktplatz. Sie wurde 1432 geweiht und erlebte nach ihrem Wiederaufbau nach einem Brand um 1700 diverse Modifizierungen. Im Innern des dreischiffigen Gebäudes sticht sofort das große sächsische Wappen ins Auge, das an die Zeit der Zugehörigkeit Königsbergs zum Herzogtum Sachsen-Coburg-Gotha erinnert.

Ein Spaziergang durch die Marienstraße zum Uhrmacherhaus führt tief in die Baukunst des Städtchens. Das Barockportal und das prächtige Fachwerkobergeschoss lassen staunen. Errichtet hat es der Zeiler Baumeister Jörg Hoffmann im Jahr 1733. Ich kehre zurück zum Markt und flaniere von dort den Salzmarkt hinauf. Auf der rechten Seite befindet sich das Geburtshaus des berühmten Sohnes von Königsberg, Johannes Müller (1436–1476), besser bekannt unter seinem latinisierten Namen Regiomontanus – »der Dr. Königsberger«. Der Astronom und Mathematiker erfand diverse astronomische Instrumente, die seinerzeit zur Orientierung auf den Weltmeeren genutzt wurden. Ein Mondkrater und ein Asteroid tragen seinen Namen. Neben seinem Geburtshaus präsentiert eine kleine Ausstellung das Leben und Wirken des Wissenschaftlers.

In den Haßbergen haben sich zahlreiche Burgruinen erhalten, etwa die Bramberg oder die Rotenhan. Sie sind mit dem Auto und über Wanderwege gut zu erreichen und vermitteln das Gefühl, in eine Zeitschleife geraten zu sein (www.hassberge-tourismus.de).

10

Ellertshäuser See
Uferstraße
97488 Stadtlauringen
www.ellertshaeuser-see.de

Restaurant Seeblick
Uferstraße 1
97488 Stadtlauringen
09724 9072088

FAST WIE AM MEER

Ellertshäuser See

Gehören Sie auch zu den Menschen, die gerne wegschauen, wenn bunte Drachen in den blauen Himmel steigen? Ich kann Sie verstehen! Wären die Vorboten des Herbstes nicht, würde ich an diesem schönen Oktobertag meinen, es sei Frühling.

Es ist später Vormittag. Ich will einmal den Ellertshäuser See umrunden. Er wurde künstlich gestaut und ist mit 33 Hektar das größte Binnengewässer in Unterfranken, dient als Rückhaltebecken bei Hochwasser und Schneeschmelze sowie als Reservoir für Trockenzeiten. Und natürlich stellt er einen wunderbaren Erholungsraum inmitten von Wald dar: Strand, Segelschulen, kleine Marinas, Kioske, Spielplatz und Beachvolleyballfeld – alles ist vorhanden, um Sportfreunden wie Familien mit großen und kleinen Kindern das Leben einfach schön zu machen.

Obwohl die Luft noch kühl ist, hat sich schon ein Stehpaddler auf das Wasser gewagt. Während ich den schmalen Wanderpfad am Südufer entlanggehe, begleitet er mich ein Stück, bevor er wendet und zur Seemitte hinsteuert. Eine Jolle mit weißem Segel zieht elegant vorüber. Ansonsten gehört das Ufer den Wasservögeln, deren fröhliches Schnäbeln kaum zu überhören ist. Dass einige Uferbereiche des Sees als Biotope besonders geschützt sind, kommt unter anderem einem pelzigen Gesellen zugute, der sichtbar seine Spuren hinterlässt: dem Biber. Immer wieder finde ich abgenagte Baumstämme.

Ich umlaufe den Vorsee und wandere am Nordufer zurück. Schon kommt die Wiese mit den Holzliegen in Sicht, von denen ich rasch eine besetze. Der vermeintliche Frühling fühlt sich nun an wie Sommer, und tatsächlich wagt sich eine Schwimmerin ins kühle Nass. Ich blinzele in die Sonne und wähne mich – beinahe am Meer.

Genuss und Stärkung verspricht das Restaurant *Seeblick* mit Terrasse unter Bäumen und Blick aufs Wasser. Wer länger bleiben möchte, dem bietet der nahe Campingplatz ein Zuhause auf Zeit.

71

Museum Georg Schäfer
Brückenstraße 20
97421 Schweinfurt
09721 514825
www.museumschaefer.de

Restaurant Grüne Gans
Alte Bahnhofstraße 3
97422 Schweinfurt
09721 21910
www.gruenegans-schweinfurt.de

SPITZWEG VOM FEINSTEN

Museum Georg Schäfer

Können Sie sich auch für Carl Spitzweg erwärmen? Ich bin ein großer Fan des spätromantischen Malers mit seinem Sinn für alltäglichen Witz und Humor. Mein Lieblingsbild ist *Der Kaktusfreund*, ein Gemälde wie ein Schnappschuss. Es zeigt einen Mann beim selbstvergessenen Inspizieren eines großen Kaktus mit roter Blüte. Wer wie ich für den Künstler schwärmt, den führt der Weg unweigerlich ins *Museum Georg Schäfer* nach Schweinfurt. Es beherbergt den größten Bestand an Spitzweg-Werken weltweit und ist zugleich die bedeutendste Privatsammlung von Malerei des 19. Jahrhunderts aus dem deutschsprachigen Raum. Zusammengetragen wurden die Werke von dem Schweinfurter Unternehmer Georg Schäfer (1896–1975): neben Bildern von Spitzweg etwa auch Werke von Caspar David Friedrich, Franz von Lenbach oder Lovis Corinth.

Um der bedeutenden Sammlung eine dauerhafte Heimat zu geben, war viel Engagement von Seiten der Schäfer-Erben und Vertretern der Stadt Schweinfurt vonnöten, bis im September 2000 das Museum direkt am Main, am Rand der Altstadt, eröffnet werden konnte. Das von dem Berliner Architekten Volker Staab entworfene und mehrfach mit Preisen ausgezeichnete moderne Bauwerk sticht sofort ins Auge, wenn man die Maxbrücke überquert: ein helles Rechteck mit großer Loggia.

Die Weitläufigkeit des Gebäudes im Inneren mit seiner Treppenhalle, dem oft unerwarteten Lichteinfall und den großen Ausstellungssälen ist schon ein Genuss für sich. Man könnte fast meinen, die Schwerkraft sei ein klein wenig außer Kraft gesetzt. Und im Obergeschoss finde ich endlich meinen Kaktusfreund – ein glückliches Wiedersehen.

Auf den Kunstgenuss sollte ein kulinarischer folgen: am besten in der *Grünen Gans*, dem wunderbar rustikal eingerichteten Restaurant mit der grünen Holztafelung. Vor dem Essen ein Limoncello Spritz!

72

Freilichtbühne Fränkische Passionsspiele Sömmersdorf
Waldstraße 2
97502 Euerbach-Sömmersdorf
https://kulturauspassion.de

Kirchenburg Euerbach
Hauptstraße 15–17
97502 Euerbach

PERLENDE SPIELFREUDE

Freilichtbühne Sömmersdorf

Als Robin Hood sein Schwert zieht, wird es mucksmäuschenstill. Kurz fühlt es sich an, als würde ich selbst durch den Sherwood Forest streifen, im Gefolge des kühnen Helden mit dem sozialen Gewissen. Ein langer Sommertag geht in die Dämmerung über – ruft da ein Käuzchen?

Nein, es hat mich nicht nach Britannien verschlagen, sondern nach Sömmersdorf im Landkreis Schweinfurt. Auf der Freiluftbühne wird gespielt, was das Zeug hält, regelmäßig die Passion, ansonsten weltliche Stücke. Beteiligt ist mehr als die Hälfte der 700 Einwohner, sei es als Schauspieler, Beleuchter, Techniker oder Buhnenbildner. Alle sind ehrenamtlich aktiv und verleihen dem sommerlichen Bühnengeschehen ein eigenes Gepräge. Wie diese gelebte Theaterwelt in den Ort hineinwirkt, spürt der Besucher an der beschwingten Stimmung, schon bei der Anreise, der Parkplatzsuche, beim Versorgen mit Essen und Trinken. Die Vorfreude auf den Abend perlt durch den warmen Sommerabend, sodass es den knapp 2.000 Besuchern leichtfällt, sich einzulassen auf Robin Hood, Don Camillo und Peppone oder eben das Passionsspiel.

Für Letzteres wurde die Freilichtbühne Sömmersdorf 1933 gegründet, zunächst wurde nur der Leidensweg Christi gegeben, später kamen weitere Stücke dazu, auch Eigenproduktionen. Obwohl nur Sömmersdorfer mitwirken dürfen, hat die Bühne kein Nachwuchsproblem. Die Theaterleidenschaft beginnt im Jugendalter und bleibt oft ein Leben lang erhalten. Manche Aktive, die es in die weite Welt verschlagen hat, kehren zum Spielen im Sommer zurück in die Heimat. Und so genießen die Zuschauer dieses gemeinsame Abenteuer, diesmal im Sherwood Forest, wo Robin Hood und seine Freunde für Gerechtigkeit sorgen.

Wer Geschichte liebt, kann mit der Kirchenburg im Euerbach ein nahezu vollständig erhaltenes Baudenkmal aus alter Zeit bestaunen. Die Krypta der Kirche St. Cosmas und Damian stammt aus dem 13. Jahrhundert.

78

Blick auf die Mainschleife von der
Vogelsburg mit Hotel und Restaurant
Vogelsburg 1
97332 Volkach
09381 7108970
www.vogelsburg-volkach.de

Weingut Clemens Fröhlich
Bocksbeutelstraße 19
97332 Volkach-Escherndorf
09381 1776
www.weingut-froehlich.de

EIN NEST ÜBER DEM MAIN

Die Vogelsburg

Es ist die Zeit des Jahres, in der die Schwalben nach einem langen Winter zurückkehren. Die Sonne strahlt von einem blauen Himmel herab, Schlehen und Weißdorn blühen, und die Bienen machen sich an die Arbeit. Während die Natur vor Aktivität nur so brummt, möchte auch der Mensch endlich raus aus den eigenen vier Wänden! Um unsere Sehnsucht nach frischer Luft und Bewegung nachzugeben, besuchen wir heute die Vogelsburg – eine ehemalige fränkische Befestigung 90 Meter über dem Main nahe des romantischen Weinortes Volkach.

Der Berg war schon in vorchristlicher Zeit befestigt. Eine Urkunde aus dem Jahr 906 verrät, dass der Karolingerkönig Ludwig IV. die Vogelsburg dem Kloster Fulda schenkte. Dies machte den markanten Bergrücken, der mittlerweile in den Besitz der *Stiftung Juliusspital Würzburg* übergegangen ist, über Jahrhunderte zu einer Pilgerstätte. Noch heute befindet sich neben einem Hotel mit Restaurant und Café eine außen traditionell wirkende, innen aber modern gestaltete Kirche auf der Anhöhe, die Wanderer und Ausflügler ebenso wie Ruhesuchende dazu einlädt, den Blick nach innen zu richten.

Im Anschluss an Meditation und Einkehr lohnt ein Besuch auf der Aussichtsterrasse. Ein schöner Platz, um sich niederzulassen, weit hinaus ins fränkische Land zu schauen und einen Schoppen zu trinken, denn wir befinden uns mitten in den Weinbergen. Die gesamte Weinlage, durch die etliche Wanderwege führen, lässt sich in Gänze überblicken und markiert heute noch die Befestigungen des alten Burgstalls. Auch die Aussicht hinaus ins Weite über die Mainschleife hat etwas Spirituelles – und so bleiben wir lange sitzen und fühlen uns frei. Fast wie die Schwalben.

In guten 20 Minuten erwandern Sie von der Vogelsburg aus Escherndorf. An dessen Hängen gedeiht eine der bekanntesten fränkischen Weinlagen, der Escherndorfer Lump. In mehreren Weingütern direkt im Ort können Sie sich mit diesem edlen Tropfen eindecken. Meinen »Lieblingslump« schenkt Clemens Fröhlich aus.

74

Festung Marienberg
Museum für Franken
97082 Würzburg
0931 205940
www.museum-franken.de

Tourist-Information
Würzburg und
Fränkisches Weinland
Turmgasse 11
97070 Würzburg
0931 372335
www.wuerzburg.de/
tourismus

FRANKENS KULTURZEUGIN

Festung Marienberg

Auf dem steil abfallenden Berg auf der linken Mainseite erhebt sich die Festung Marienberg. Der Hangrücken zum Fluss und damit zum Zentrum Würzburgs ist mit Wein bewachsen. An diesem Tag im April ist noch wenig Grün auszumachen, doch der Himmel glänzt blau und macht Lust auf eine ausgiebige Besichtigungstour dieser erhabenen Anlage, deren Anfänge weit in die Geschichte zurückreichen.

Nach der Völkerwanderung erreichten im 7. Jahrhundert die Franken die Gegend um das heutige Würzburg. Herzog Heden errichtete für seine Tochter Immina ein Kloster mit einer Marienkapelle. Im Laufe der Jahrhunderte wurden diese ersten Gebäude verändert, teils zerstört und erneuert. Der Bergfried im Innenhof ist etwa 800 Jahre alt und damit eines der ältesten Bauteile der Festung, nur übertroffen von der Marienkirche, die noch einmal 200 Jahre mehr zählt und als frühester Sakralbau östlich des Rheins gilt. Wie so oft in Franken haben die Fürstbischöfe, insbesondere die Schönborns, einen deutlichen Anteil an den späteren architektonischen Verwandlungen.

Das Fürstenbaumuseum, Bestandteil des *Museums für Franken,* zeigt deren prachtvolle Wohn- und Repräsentationsräume. Die gesamte Ausstellung bietet sich für Besucher an, die Franken als eine Region mit reichhaltiger Kunstgeschichte erleben wollen. Neben herausragenden Kunstwerken, etwa von Tilman Riemenschneider (darunter die *Trauernde Maria* aus dem frühen 16. Jahrhundert), präsentiert das Museum in der Grafischen Sammlung fast lückenlos Grafiken Würzburgs aus vier Jahrhunderten. Aufgrund der fast vollständigen Zerstörung der Stadt in der Bombennacht vom 16. März 1945 besitzen gerade diese Werke hohen dokumentarischen Wert.

Ein schöner, acht Kilometer langer Rundweg führt von der Alten Mainbrücke nordwärts am Main entlang und über das Gelände der Landesgartenschau von 1990 bis zur Festung Marienberg und zurück in die Stadt.

75

Wallfahrtskirche Käppele
Spittelbergweg 21
97082 Würzburg
0931 79407760
www.kaeppele-wuerzburg.de

KRAFTORT ÜBER DEM MAIN

Wallfahrtskirche »Käppele«

Gute 70 Meter hoch über dem Main liegt das »Käppele« – so nennen die Würzburger die Wallfahrtskirche Mariä Heimsuchung auf dem Nikolausberg, unweit der Festung Marienberg. Schon der wunderschöne Fußweg aus der Stadt hinauf zu dem imposanten Gebäude lässt den Alltag vergessen. Zum einen weil der sogenannte *Treppenweg* steil ist, es mehr als 300 Stufen zu überwinden gilt und der Spaziergang durchaus schweißtreibend ist. Zum anderen weil die Seele sich immer mehr in den Himmel schwingt, je höher man steigt und je weiter der Blick über Würzburg und seine Weinberge gleitet. Der *Treppenweg* wurde in den Jahren 1761 bis 1769 von Dominikus Ickelsheimer angelegt. Fünf Terrassen unterbrechen den Anstieg, integriert sind außerdem 14 Kreuzwegstationen.

An diesem herrlichen Frühlingstag leuchtet die weiß-gelbe Fassade des »Käppele« besonders vielversprechend. Auch auf den mit Schiefer gedeckten Zwiebelhauben glänzt die Sonne. Wir haben uns vorher mit Wasser eingedeckt und legen eine kurze Pause ein, bevor wir uns mit der Geschichte dieses eindrucksvollen Bauwerks befassen. Sie geht zurück auf einen Bildstock mit der schmerzhaften Muttergottes, die ein Mainfischer im Dreißigjährigen Krieg in seinem Weinberg aufgestellt hatte. Der hoch über dem Fluss gelegene Platz entwickelte sich bald zu einem Pilgerort. Der heutige Bau wurde 1748 bis 1750 von Balthasar Neumann errichtet, einem der bekanntesten Baumeister des Barocks, der in Franken viele Spuren hinterlassen und in Würzburg seine letzte Ruhe gefunden hat.

Auch im Innern ist die Kirche reich ausgestattet. Über dem Altar der Gnadenkapelle befindet sich die ursprüngliche Pietà, die einst im Weinberg stand.

Wer zu Fuß durch Franken pilgern möchte, kann dies auf dem *Fränkischen Marienweg* oder dem *Jakobsweg* tun. Das »Käppele« ist eine Station auf diesen Wanderrouten und bietet eine Pilgerherberge mit Selbstverpflegungsmöglichkeit.

76

Alter Kranen
Kranenkai 1
97070 Würzburg

Brauereigasthof Alter Kranen
Kranenkai 1
97070 Würzburg
0931 99131545
www.alterkranen.de

BAROCKES INDUSTRIEDENKMAL

Alter Kranen

Dass die fränkischen Fürstbischöfe in ihrer Regierungszeit nicht nur traumhafte Schlösser und verspielte Parkanlagen errichten ließen, sondern sich auch um Wirtschaft und Handel kümmerten, davon zeugt der Alte Kranen am rechten Mainufer in Würzburg. Weithin sichtbar recken sich die beiden Ausleger in den Himmel. Fürstbischof Adam Friedrich von Seinsheim beauftragte Franz Ignaz Michael Neumann, Baumeister wie sein berühmter Vater Balthasar Neumann, mit dem Bau einer Krananlage zum Be- und Entladen der Mainschiffe. Er beabsichtigte, den Handel auf dem Fluss, Würzburgs Lebensader, zu stärken. Die Konstruktion auf dem Kranenkai wurde 1773 in Betrieb genommen.

Bewundernswert, dass sein mechanisches Innenleben heute noch voll funktionsfähig ist! Zwei Treträder von gut fünf Metern Durchmesser treiben das um 360 Grad drehbare Kranoberteil an. Zwei Windenknechte, in Würzburg auch »Kärner« genannt, bewegten je ein Rad mit reiner Muskelkraft; bei schweren Lasten mussten weitere Arbeiter mithelfen. Wegen der Hochwassergefahr wurde der Kran auf einem Steinsockel errichtet, der das Bauwerk besonders imposant erscheinen lässt.

Heute bietet sich ein Spaziergang am Mainkai an, um das herausragende Industriedenkmal aus der Nähe zu betrachten. Auf einer Bank direkt darunter die Augen schließen und sich in längst vergangene Tage träumen – schon glaubt man, die Rufe der Arbeiter und das Knarren der Taue zu hören. Allerdings lässt sich das moderne Leben nicht für längere Zeit ausblenden, denn die Gegend rund um das barocke Monument ist ein beliebter Treffpunkt, gerade wenn im Sommer die Sonne spät untergeht und die Würzburger die lauen Abende am Kai genießen.

Unmittelbar neben dem Alten Kranen liegt der gleichnamige Brauereigasthof mit Biergarten. Man hat einen herrlichen Blick auf das linke Mainufer und die Festung Marienberg. Besonders süffig: das *Keiler Weißbier.*

77

Restaurant & Weinhaus
Zum Stachel
Gressengasse 1
97070 Würzburg
0931 52770
www.weinhaus-stachel.de

Japanischer Garten
Mainkai
Hinter dem Parkhaus
Kranengarage
97070 Würzburg

EINKEHR FÜR REBELLEN

Weinhaus Zum Stachel

Heute kehren wir im *Stachel* ein. Was zunächst unbequem klingt, weil der Name irgendwie an Kakteen oder Wespen denken lässt, erzählt eine Geschichte: Das Weinhaus *Zum Stachel* gilt als der älteste Gasthof Würzburgs und wurde bereits im Jahr 1319 urkundlich erwähnt. Im 16. Jahrhundert, während der Bauernkriege, trafen sich hinter seinen Mauern gegen Klerus und Adel rebellierende Bürger, um ihre verschwörerischen Pläne zu schmieden. Als Zeichen für Gleichgesinnte, dass keine Gefahr zu erwarten war, hing ein Morgenstern aus dem Fenster – ein mit Dornen besetzter Kopf aus Holz an einem Stab (auch »Stachel« genannt).

Einiges vom eigensinnigen Charme dieser Meuterer hat sich bis heute gehalten. Schon die breite Steinfassade mit dem Torbogen und dem (abends beleuchteten) Stachelausleger versetzt den Gast in alte Zeiten. Weil es heute sommerlich warm ist, lassen wir uns im begrünten Innenhof nieder. Ich lege den Kopf in den Nacken. Zwischen den Mauern gleitet der Blick an mit Blumen geschmückten Balustraden gen Abendhimmel. Ein wenig Italien in Franken, und gar nicht mehr rebellisch.

Die Speisekarte des *Stachels* bietet für alle Feinschmecker etwas: Der Sauerbraten mit selbst gemachten Klößen oder das »Stachel Pfännle« mit Schweinemedaillon, Rostbratwurst und Bratkartoffeln sättigen hungrige Liebhaber der fränkischen Küche garantiert. Auch vegetarische Gerichte sind im Angebot. Und wer noch eine anstrengende Tour in Würzburg vor sich hat, der bestellt ein Steak aus der *Stachel*-Küche. Dazu noch einen Wein, den der Sommelier des Hauses gerne individuell empfiehlt. Die Auswahl ist riesig, schließlich punktet das Würzburger Land mit ausgezeichneten Lagen.

Wie wäre es mit einem Verdauungsspaziergang zum Mainkai hinunter? Der kleine Japanische Garten, direkt am Mainufer, ist besonders schön zur Magnolien- und Kirschblüte und rund um die Uhr zugänglich.

78

Siebold-Museum
Frankfurter Straße 87
97082 Würzburg-Zellerau
0931 413541
www.siebold-museum.de

WÜRZBURG KANN JAPAN

Siebold-Museum

Als ich an einem kühlen Tag nach Würzburg fahre, komme ich mir nicht vor wie eine Weltenbummlerin. Und doch: Die idyllisch am Main gelegene Stadt kann eben nicht nur Wein und Barock, sie kann auch Japan. Die Reise in die fernöstliche Welt beginnt im Siebold-Museum.

Ein Spross der bekannten Würzburger Ärzte- und Gelehrtenfamilie, Philipp Franz von Siebold (1796–1866), seines Zeichens selbst Mediziner, verbrachte zweimal mehrere Jahre in Japan. Er betätigte sich dort nicht nur als Arzt, sondern ging seinen mannigfaltigen Forschungsneigungen nach: als Naturforscher, Ethnologe und Botaniker. Er knüpfte Kontakte zu lokalen Gelehrten und inspirierte mit seinen Forschungsmethoden zahlreiche Schüler. Obwohl die Umstände für einen Europäer in Japan im 19. Jahrhundert nicht einfach waren – etwa weil seine Bewegungsfreiheit beschränkt war –, gelang es Siebold, eine enorme Sammlung an Tierpräparaten und Pflanzen zusammenzutragen und sie nach Hause zu bringen. Auf diesem Weg kam die Hortensie zu uns, die heute in vielen Gärten blüht. Zurück in Würzburg widmete sich der Wissenschaftler weiter der Naturforschung und den Beziehungen zum damals noch abgeschotteten Japan. Er gilt als Wegbereiter der Öffnung des fernöstlichen Landes; sein Konterfei prangt auf einer japanischen Briefmarke von 1996.

Das Museum im ehemaligen Kontor der *Bürgerbräu AG* widmet sich der Familiengeschichte der Siebolds, darunter natürlich auch den Aktivitäten Philipp Franz von Siebolds, und vermittelt neben vielen anderen Eindrücken einen Hauch von Weltenbummlertum. Höhepunkt der Japanatmosphäre bildet das Teehaus, in dem Besucher nach Anmeldung einer japanischen Teezeremonie beiwohnen können.

Das Quartier rund um die ehemalige *Bürgerbräu AG* ist mittlerweile Kultur- und Kreativzentrum, wo es neben dem Museum auch ein Kino, diverse Geschäfte und Gastronomie zu entdecken gibt.

79

Rokokogarten
Echterstraße 10
97209 Veitshöchheim
www.tourismus-veitshoechheim.de

Fastnachtshaus
Bahnhofstraße 13
97209 Veitshöchheim
0931 9709009
www.fastnacht-verband-franken.de

TANZ DES ROKOKO

Rokokogarten und Schloss

Dass viele Orte in Franken zu Augenweiden wurden, weil Fürstbischöfe ihre Freude an verspielter Beschaulichkeit kultivierten, ist weithin bekannt. Der Rokokogarten rund um die Sommerresidenz der Würzburger Fürstbischöfe ist hierfür ein glänzendes Beispiel. In seiner heutigen Form entstand er Mitte des 18. Jahrhundert unter Adam Friedrich von Seinsheim. Zuvor wurde das Land als Jagdgelände und Fasanerie genutzt. Von dieser Vergangenheit ist nicht viel geblieben – außer vielleicht der Wildschweinkopf, der in Nabelhöhe aus Stein gehauen am Wegesrand ruht.

Über 300 Skulpturen bekannter Würzburger Hofbildhauer lassen sich im Rokokogarten entdecken. Kein geringerer als der berühmte Bildhauer Ferdinand Tietz (1708–1777) schuf mehrere Figurenzyklen. Jede einzelne Skulptur – ob Putte, Fabeltier oder ein träumerisch dreinschauender Mensch mit Hut – wirkt verzaubert, verschwenderisch ausgestattet, fantastisch. Sofort skizziert die Vorstellungskraft den Anfang eines Märchens: Es war einmal in Veitshöchheim …

Wir spazieren durch schattige Laubengänge und rasten in einem überdachten Rondell. Nicht weit entfernt hören wir leises Plätschern. Flüstern sich die steinernen Fabelwesen etwas zu? Oder haben nur die Enten am Teich ihre Meinungsverschiedenheiten?

Die historischen Wasserspiele im Großen See bezaubern die Besucher von April bis Oktober zweimal am Tag. Auch lohnt eine Besichtigung des Schlosses mit seinen seltenen Papiertapeten und dem Modell des Hofgartens, das ihn in seiner Blütezeit Ende des 18. Jahrhunderts zeigt. Empfehlenswert ist die anderthalbstündige Führung durch die Geheimnisse der Gartenanlage. Wer lieber allein unterwegs ist, erhält im Schloss einen Audioguide.

Fans des jährlichen Kult-TV-Events *Fastnacht in Franken* lieben die mit Figuren des fränkischen Karnevals bemalte Fassade des Fastnachthauses. Eine kleine Ausstellung zur Prunksitzung beherbergen die *Mainfrankensäle*, Mainlände 1 (www.mainfrankensaele.de).

80

Sankt Michael
Kirchplatz 9
97816 Lohr am Main

Tourist-Information
Schlossplatz 5
97816 Lohr am Main
09352 848465
www.lohr.de

EIN ORT FRIEDVOLLER STILLE

Pfarrkirche St. Michael

Es ist ein sonniger Frühlingstag, als ich mich ins Zentrum des kleinen Ortes aufmache. Ich bin neugierig. Lohr liegt am nordöstlichen Punkt des Mainvierecks, umgeben von grünen Hängen, die im Westen in den Spessart übergehen. Der Main kommt mir hier recht breit vor. Weinberge wie in Volkach oder Würzburg fallen nicht ins Auge. Lohr überzeugt auf anderem Gebiet.

Sofort fällt mir das reichhaltige Fachwerk auf. In der Hauptstraße präsentiert manches Haus einen stolzen Ausleger, stets wunderbar hergerichtet und fast immer golden verziert. Besonders schön: Füllhorn und Brotkorb der Bäckerei Väth und der Röhrenbrunnen des Gasthofes *Schönbrunnen.*

Der mächtige Turm der Kirche St. Michael mit dem achteckigen Turmhelm ragt über die Bürgerhäuser hinaus. Der vollständig umbaute Kirchplatz schirmt das Areal ab. Sofort spüre ich die Ruhe dieses Ortes. Ein paar Minuten bleibe ich unter den Bäumen stehen und lasse das Ensemble auf mich wirken, bevor ich das Gotteshaus betrete. Es ist ganz still. Als Erstes zieht das massive Taufbecken mit umlaufendem Spitzbogenblendwerk im Zentrum des Mittelschiffs, eines der wenigen mittelalterlichen Ausstattungsstücke, die Blicke auf sich. Erstmals erwähnt wurde die Kirche im Jahr 1338. Archäologen halten jedoch ein deutlich höheres Alter für wahrscheinlich.

Der Innenraum ist mit dem neogotischen Hochaltar, den beiden Seitenaltären und den farbigen Fenstern derart reichhaltig ausgestattet, dass mein Blick erst spät auf die Kanzel fällt. Klassizistisch im Stil, ziert eine hölzerne Figur des Kirchenpatrons den höchsten Punkt: Der Erzengel Michael steht auf dem Dämon, den er soeben mit seinem Schwert niedergestreckt zu haben scheint.

In der Kapuzinerkirche gleich nebenan sind einige der Figuren zu sehen, die bei der bekannten Lohrer Karfreitagsprozession von Angehörigen der verschiedenen Zünfte durch das Städtchen getragen werden.

81

Café Rosenkranz
Hauptstraße 6
97816 Lohr am Main
09352 2438
www.cafe-rosenkranz.de

Maintal-Bummler
Schiffsanlegeplatz
Mainlände
97816 Lohr am Main
09352 807212
www.maintal-bummler.de

MORGENDLICHE SINNESFREUDE

Café Rosenkranz

Wir sind zum Frühstück im *Café Rosenkranz* verabredet – ein Geheimtipp, sozusagen. Diese Tageszeit ist für mich keine ganz einfache. Volle Kraft voraus ist bei mir morgens noch nahezu ausgeschlossen. Andererseits will ich von den wenigen Stunden, die mir in Lohr am Main bleiben, nichts verpassen. Also ins gemütliche *Rosenkranz*, Energie tanken. Da es mild ist, lassen wir uns auf den Außenplätzen an der Hauptstraße nieder. Beinahe alle Tische sind besetzt. Mancher hat es eilig, hastet durch die Fußgängerzone, andere schlendern gemächlich dahin und betrachten die Auslagen der vielen kleinen Geschäfte. Die Zeit der Flaneure beginnt zu Füßen des Spessarts recht früh.

Das Café befindet sich in einem wunderschönen, im Jahr 2005 renovierten Fachwerkhaus; ein Einzeldenkmal mit einem von Michael Imkeller um 1600 gefertigten Portal. Der Lohrer Bildhauer war auch der Baumeister des alten Rathauses, auf das ich direkt von meinem Platz aus blicke. Es fällt mit seinem dreibögigen Portal sofort ins Auge. (Übrigens, das unter Kunstkennern prominente Rathausgebäude im 13 Kilometer entfernten Rothenfels, der kleinsten Stadt Bayerns und ebenfalls am Main gelegen, stammt auch von Imkeller.)

Wie viele andere Häuser des Lohrer Zentrums präsentiert das *Rosenkranz* einen auffälligen Ausleger: Ein molliger Konditor serviert Gugelhupf und eine Tasse Kaffee mit Sahnehaube. Für ein Stück hausgemachten Kuchen oder Torte ist es uns noch zu zeitig. Die Frühstückskarte bietet reichhaltige Alternativen. Selbst vegan kann man hier am Morgen schlemmen. Ich picke mir aus der nichtveganen Liste das »Frühstück für Genießer« heraus – der Beginn eines sinnesfreudigen Tages.

Im Sommerhalbjahr empfiehlt sich eine Schiffsfahrt den Main entlang, bei der die Ufer und Ortschaften ruhig an einem vorbeiziehen. Möglich ist dies mit dem Ausflugsschiff *Maintal-Bummler*.

Spessartmuseum im Schloss
Schlossplatz 1
97816 Lohr am Main
09353 79312399
www.spessartmuseum.de

Weinhaus Mehling
Hauptstraße 30
97816 Lohr am Main
09353 2602
www.weinhaus-mehling.de

SPUK IM SPESSART

Spessartmuseum im Schloss

Dass man im Spessart leicht unter die Räuber fällt, wissen alle Märchenfreunde hierzulande. Doch wer in Lohr tiefer in die Historie eindringen will, kann noch andere Abenteuer bestehen. Dabei leistet das Spessartmuseum im Schloss wertvolle Hilfe.

Das Schloss war bis ins 13. Jahrhundert Hauptsitz der Grafen von Rieneck, die ein weites Herrschaftsgebiet mit Großteilen des Spessarts und des Maindreiecks regierten. Heute beherbergt der Bau mit den spitzen Türmchen das Spessartmuseum, in dem alle Altersgruppen manch Spannendes über die Region und ihre Bewohner erfahren. Deren Handwerkskunst – man verarbeitete Eisen, stellte Glas und Spiegel her – brachte ein einzigartiges Beweisstück hervor, das uns zurück zu den Märchen führt, und zwar mittels der inoffiziellen literaturwissenschaftlichen Teildisziplin der »Fabulologie«. 1986 »ermittelte« der Lohrer Apotheker Dr. Karl Heinz Bartels, dass Schneewittchen eine Lohrerin war, nämlich die 1725 geborene Maria Sophia Margaretha Catharina von Erthal. Nachdem die Mutter des Mädchens 1741 starb, heiratete der Vater eine Reichsgräfin von Reichenstein, eine Dame von legendärer Herrschsucht. Wem käme diese Konstellation nicht bekannt vor? Der wilde Wald, in dem Schneewittchen ausgesetzt wurde, ist – natürlich – der Spessart. Schneewittchens Fluchtweg über die sieben Berge soll ein altbekannter Höhenweg sein, der zu den Bergwerken bei Bieber führte, wo Kinder und Kleinwüchsige schufteten. Ultimativer Beleg für das Lohrer Schneewittchen ist der sprechende Spiegel, der im Spessartmuseum als Höhepunkt der Indizienkette ausgestellt ist: ein Erzeugnis der Kurmainzischen Spiegelmanufaktur in Lohr. Wer mag an dieser Beweisführung noch zweifeln?

Wer im Weinhaus Mehling einen Lohrer »Fabulologenwein« trinkt, mag nach eifrigem Disput mit Gleichgesinnten noch das eine oder andere Detail zur Lohrer Schneewittchengeschichte hinzufügen.

88

Schloss Johannisburg
Schlossplatz 4
63739 Aschaffenburg
06021 386570
www.schloesser.bayern.de

Café-Restaurant-Bar Lebenswert
Schlossplatz 1
63739 Aschaffenburg
06021 7718686
www.lebenswert-ab.de

GLÜCKLICH IM BAYERISCHEN NIZZA

Markt und Schloss Johannisburg

Der bayerische König Ludwig I. nannte Aschaffenburg »bayerisches Nizza« – er kam gerne mit seiner Geliebten Lola Montez hierher. Als ich an einem sommerlichen Morgen über den Markt zu Füßen des Schlosses Johannisburg schlendere, wähne ich mich tatsächlich ein klein wenig in Südfrankreich. Überbordend die Angebote an Früchten: Aprikosen, Kirschen, Pfirsiche locken im Schatten der bunten Sonnenschirme Käufer an. Es duftet verführerisch nach Obst und Kräutern. Der Käsestand gleich bei der Stadthalle nennt sich dann auch »Fromagerie«, während an der gegenüberliegenden Seite des Schlossplatzes Schnäpse und Brände aus heimischen Früchten verkauft werden. Man darf also ruhig ein paar Versuchungen nachgeben, bevor man zum Besichtigungsprogramm übergeht.

Hauptziel für heute ist das aus rotem Sandstein erbaute quadratische Schloss Johannisburg mit seinen vier Türmen. Es soll eines der schönsten Bauten aus der deutschen Spätrenaissance sein und diente den Mainzer Kurerzbischöfen bis 1803 als Zweitresidenz. Denn Aschaffenburg, das vom Rest Frankens durch den Spessart getrennt ist, wurde erst 1814 bayerisch, und nicht nur dialektal besteht weiter eine starke Bindung an das Rhein-Main-Gebiet.

Beeindruckend ist vor allem die Schlosskirche mit dem Altar von Hans Juncker, der mittels Licht- und Tontechnik mit all seinen Details bestens dargestellt wird. Die Staatsgemäldegalerie birgt Höhepunkte für Kunstliebhaber, etwa Werke von Lucas Cranach dem Älteren, und zeigt die weltgrößte Sammlung von aus Kork gefertigten Architekturmodellen. Dadurch reisen wir gedanklich noch weiter gen Süden und bestaunen unter anderem eine Version des Kolosseums in Rom mit drei Metern Durchmesser.

Direkt am Schlossplatz lässt es sich im Café-Restaurant *Lebenswert* auf der Terrasse mit einem Kir royal angenehm entspannen. Wer morgens kommt, dem seien die Pancakes mit Obstsalat zum Frühstück empfohlen.

84

Schlappeseppel
Schlossgasse 28
63739 Aschaffenburg
06021 25531
www.schlappeseppel-ab.de

Churfrankensteig
Ausgangspunkt:
Brunnen an der Staats-
straße nach Erlenbach
Klingenberger Straße
63911 Klingenberg am Main
www.stadt-klingenberg.de

BRAUKUNST SEIT 1631

Gastwirtschaft Schlappeseppel

Der *Schlappeseppel* ist Aschaffenburgs ältestes Wirtshaus – und sein Name basiert wie bei vielen Gaststätten auf einer kuriosen Geschichte. Als Gustav Adolf von Schweden im Jahr 1631 die Stadt einnahm, stellte sein Mundschenk fest, dass es mit den Biervorräten im Schloss nicht weit her war: Alle Fässer waren leer. In dieser Notsituation suchte man nach einem Heermann, der das Brauhandwerk beherrschte. Der Soldat Josef Lögler war vom Fach und wurde mit der Aufgabe betraut, Bier zu produzieren. Er nahm die Herausforderung an. Wegen seines lahmen Beins nannte man ihn auch »den schlappen Seppel«. Damit war nicht nur der Grundstein für das Wirtshaus gelegt, sondern auch sein Name geboren.

An diesem sommerlichen Samstag sind mittags alle Plätze draußen besetzt. Wir setzen uns also in die urige Wirtsstube, wo uns die Bedienung gleich mit einem breiten Lächeln willkommen heißt. »Was kann ich für euch tun?« Natürlich soll es ein Bier sein, ich wähle ein »Faust Bayerisch Hell« von der *Brauerei Faust* in Miltenberg. Spritzig ist es, ideal für den Durst an heißen Tagen. Dazu bestellen wir das hausgemachte Hacksteak. Während wir warten, beobachten wir das muntere Treiben. Hinter der Theke zapfen zwei Männer unermüdlich ein Bier nach dem anderen. An einem Tisch wird Schafkopf gespielt, anderswo heiß diskutiert. Der *Schlappeseppel* kann auf seine treuen Stammgäste setzen.

Nach dem leckeren Essen nutzen wir die Chance, noch einen Blick in das kleine Museum im ehemaligen Brauereigebäude zu werfen, in dem bis zu 200 Jahre alte Utensilien des Brauhandwerks versammelt wurden. Seit 1978 wird im *Schlappeseppel* nicht mehr gebraut, doch ein Versuchssudwerk im Museum ist einsatzfähig.

Im nahen Klingenberg am Main können erfahrene Kletterer und geübte Wanderer den anspruchsvollen *Churfrankensteig* begehen, der einen traumhaften Blick auf den Fluss und die Weinberge bietet.

Stiftsbasilika St. Peter und Alexander
Stiftsgasse 5
63739 Aschaffenburg

Stiftsmuseum
Stiftsplatz 1a
63739 Aschaffenburg
06021 4447950
www.museen-aschaffenburg.de/Stiftsmuseum

ÜBERWÄLTIGENDE KUNSTGESCHICHTE

Stiftsbasilika St. Peter und Alexander

Wer die schmale Pfaffengasse hinunterschlendert, dem öffnet sich an deren südlichem Ende ein fantastischer Blick auf die Stiftsbasilika St. Peter und Alexander. Hoch ragt sie in den sommerlichen Himmel, ich muss den Kopf in den Nacken legen. Eine doppelläufige Freitreppe führt zum Eingang hinauf, bewacht von den beiden Patronen der Kirche, mittig auf der Plattform befindet sich eine imposante Kreuzigungsgruppe. Schon bevor ich das Bauwerk betrete, bin ich von all der architektonischen Pracht beinahe überwältigt.

Die Stiftskirche geht auf eine Gründung von Herzog Liudolf von Schwaben im 10. Jahrhundert zurück. Durch die offene Vorhalle, eine Fortsetzung des sehenswerten Kreuzgangs, erreiche ich das Langhaus, den ältesten Teil der Anlage. Der Bau beeindruckt mit seinen romanischen Pfeilerarkaden und etlichen Kunstschätzen. Auffallend ist das an der Nordwand befindliche Aschaffenburger Triumphkreuz aus ottonischer Zeit; es wurde in den letzten beiden Jahrzehnten des 10. Jahrhunderts gefertigt. Doch nicht nur das Wissen um sein Alter fasziniert, sondern auch seine Größe: Der Korpus misst knappe zwei Meter. Gut 500 Jahre jünger ist das Gemälde *Die Beweinung Christi* von Matthias Grünewald in einer Kapelle im südlichen Seitenschiff. Mir gefällt vor allem die detailreiche frühbarocke Kanzel von Hans Juncker, einem Sohn der fränkischen Künstlerdynastie.

Heute besichtigen nur wenige Menschen die Kirche. Ich habe Zeit und Ruhe, die vielen Schätze auf mich wirken zu lassen. Ein Besuch im Stiftsmuseum nebenan rundet die kunstgeschichtliche Erkundung ab. Höhepunkt der Ausstellung des Stiftschatzes ist der Magdalenenaltar aus der Lucas-Cranach-Werkstatt.

Nur wenige Schritte von der Basilika entfernt lässt sich im *Marquesas* köstliche spanische und südamerikanische Küche genießen. Bei warmem Wetter gerne draußen. Unbedingt mit hausgemachter Sangria (www.restaurant-marquesas.de)!

86

Bootshaus Arche Noah
Am Floßhafen 2
63739 Aschaffenburg
0151 62659016
www.bar-archenoah.de

LEINEN LOS!

Bootshaus Arche Noah

Gleich hinter der Willigisbrücke, einen kurzen Spaziergang vom Zentrum entfernt, befindet sich das *Bootshaus Arche Noah*, direkt am Main. Wir haben vor, den Tag in Aschaffenburg am Wasser ausklingen zu lassen. In dieser Stadt, die so eng mit dem Fluss verbunden ist, eine gute Wahl.

Schnell sind Handy, Geldbeutel und Autoschlüssel im extra mitgebrachten wasserdichten Packsack verstaut. Und rauf auf das SUP! Eine ganze Stunde wollen wir über die Wellen des Mains schippern und uns den in den frühen Abendstunden auffrischenden Wind um die Nase wehen lassen. Wir sind nicht besonders geübt darin, auf dem Brett zu stehen, doch schaukelt es weniger als befürchtet, und schon bald paddeln wir aufrecht den Fluss hinunter.

Rechts am Ufer schlendern Spaziergänger die Promenade entlang. Auf einem Spielplatz toben Kinder. Radfahrer flitzen vorbei. Eine Entenfamilie hat es sich auf einer schmalen Treppe oberhalb der Wasserlinie gemütlich gemacht. Schon gleitet das markante Schloss an uns vorbei; ein ideales Fotomotiv – schade, dass die Kamera fest verstaut ist. Ein paar Schwalben zischen über unsere Köpfe. An einer Slipanlage unterhalb des Schlosses wird gerade ein Segelboot zu Wasser gelassen. An dieser Stelle macht der Main eine Kurve. Über uns liegt nun der Schlossgarten mit seinem Arkadengang und dem hell in der Sonne leuchtenden Frühstückstempel. Gleich dahinter sehen wir das Pompejanum aus seinem grünen Weinberg emporragen, ein von König Ludwig I. in Auftrag gegebener Nachbau eines Römischen Hauses aus Pompeji. Ich setze mich auf das SUP, lasse die Beine ins Wasser baumeln und träume mich in den Süden.

Das *Bootshaus Arche Noah* vermietet neben SUPs und Kanus auch Tretboote und führerscheinfreie Motorboote unterschiedlicher Größe. Für Feiern oder als Gruppe lässt sich das große Tikifloß samt Skipper mieten.

KRIMIS DER AUTORIN

AUS DER REGION

Maskenspiel
978-3-89977-636-2

Kirchweihmord
978-3-89977-643-0

Fratzenmond
978-3-89977-675-1

Käfersterben
978-3-89977-681-2

Schockstarre
978-3-89977-710-9

Januskopf
978-3-8392-0141-1

Pfeilgift
978-3-89977-756-7

Spinnefeind
978-3-89977-782-6

Rosenfolter
978-3-8392-1275-2

Zuträger
978-3-8392-1685-9

Dohlenhatz
978-3-8392-2048-1

Kreidekreis
978-3-8392-2229-4

Angeschwärzt
978-3-8392-2523-3

Rhöner Nebel
978-3-8392-2589-9

Die Cranach-Verschwörung
978-3-8392-0120-6

Friederike Schmöe
Lieblingsplätze
Oberfranken
192 Seiten, 14 x 21 cm
Klappenbroschur
ISBN 978-3-8392-2621-6
€ 17,00 [D] / € 17,50 [A]

Die Region Oberfranken erstreckt sich in der neuen Mitte Europas von der bayerisch-tschechischen Grenze im Nordosten bis zur Stadt Bamberg im Südwesten. Unter Wanderern und Naturfreunden ist die Gegend eine beliebte Urlaubsregion, doch auch Kulturfreunde fühlen sich von den vielen historisch bedeutsamen Orten wie der Veste Coburg, dem Bamberger Kaiserdom oder der Festung Rosenberg in Kronach angezogen. Begleiten Sie Friederike Schmöe zu ihren ganz persönlichen Lieblingsplätzen und – da Oberfranken auch Bierfranken genannt wird – in die schönsten Brauereien.